超入門
建築数理

監修　小西敏正

執筆　中野達也・大貫愛子

市ヶ谷出版社

まえがき

　建築には芸術的な面と工学的な面がある。

　建築を目指す人の多くが，ものづくりや芸術的な面に憧れて建築の道を選ぶようだ。また，選ぶ以上，それなりにその方面の素養がある人が多い。

　しかし，建築は，人間の生活のための構築物をつくることであり，美しいと同時に，安全で，快適であることが要求される。特に日本は地震国で，また台風も毎年のように襲ってくる。気候的にも四季があり，夏は暑く冬は寒い。

　そこで，工学的に解決しなければならない問題が数多く存在し，構造計算，設備計算，規模の設定や法規による条件への適合性など様々な場面で「数学と理科の知識（略して数理）」を必要としている。ところが，ものづくりや芸術的な素養はあるが，数理が苦手な人が意外と多い。

　その苦手な「建築数理」をなんとか楽しくやさしく，そして基本から理解してもらいたいものだが，それに応じた良い教科書がない。各々工夫は見られるのだが，理数系嫌いの人には取っつきにくいものになっている。その理由は，数学や物理の専門の先生が，執筆しているものが多く，執筆者としてはやさしく書いているつもりでも，出だしのところでつまずかしてしまう。その疑問に，教える先生も，周囲の得意とする学生も当り前だと言って教えてくれない。

　本書は，「超入門　建築数理」という書名のとおり，第一に，建築を学ぶ者が最低限必要とする基礎的な数理を分かりやすい構成で説明している。分かりやすいということは，教科書を使う学生にとって分かりやすいことは勿論，教える側にとっても分かりやすくなくてはならないと考えている。

　第二に，特に大学・専門学校で建築を学ぶ学生の教科書として使われる

ことを念頭に章立てを構成している。しかし，上記のとおり，初心者にも分かりやすい説明になっているため，自分で数理が弱いと思っている人にとっては，必ずや素晴らしい独学の書にもなる。

　本書の企画は，一度スタートしたものの，数学の本にすべきなのか，建築数理の本にすべきなのか，また，建築とどのように，関連付けたらよいのか，2級建築士を目標にすると，数理といっても非常に初歩のことしか取り上げられなくなってしまうがそれでもよいのかといった疑問が次から次へと生じた。一度は挫折しそうになったが，やはり建築に密着した数理を教える上で，分かりやすい教科書がないのは確かなことであるから，是非ともつくらなければならないと考え，問題を一つ一つ解決しながら本書の発刊にこぎつけることができた。

　当初は，本当に初歩的なやさしいことを説明することに戸惑いを覚えていた筆者達も，それが意外と難しく，自分が心底から理解していないと説明できないことに気付き，熱意をもって，執筆に向かうようになった。その熱意は本書をご覧頂ければお分かり頂けると思う。

　本書は，「建築構造」と「環境・設備」を教えている若く教育熱心な先生が執筆者となり，身近に接する学生とのやりとりを活かしてこの本をまとめた。執筆の最初の段階で，この教科書を最も活かして頂けるだろうと考えている専門学校の先生方にも相談し，レベルを設定した。本書は，今までにない素晴らしい教科書と自負している。本書を利用して，苦手な数理を是非克服して頂ければ幸いである。

2009年10月

小　西　敏　正

本書の取扱い内容

　本書では，建築に関連した具体的な事象と抽象的な数理を結びつけた内容展開を行っています。まず，建築事象に関連した例題を示し，数学的な説明を含めて解き方の丁寧な解説を入れています。その後に問題を出し，例題で学んだ数学の利用方法に対する理解を深められるように構成しています。つまり，入口を建築にして，出口を数学としている点が特徴で一般的な教科書の構成と逆の構成になっています。

　この構成を徹底するために，類似する建築事象で問題を整理することも考えましたが，扱う数学内容が飛び飛びになってかえって理解が難しくなるため，一般的な数学分野に合わせて整理しています。

　また，問題はできるだけ建築に関連したものを用意していますが，これは単に数理を理解して貰うだけでなく皆さんが学びたいと思っている建築の専門分野と建築数理がどのように関連しているかを実感し，理解して欲しいと考えたからです。今まで，自分のやりたい分野と数理が，結びつかず，熱意の持てなかった人にも，その関連が多少理解できると思います。

　この本で学んだ多くの人が，近い将来2級建築士を受験することも前提にしています。つまり，この本に書かれている数理を理解できれば，建築士の受験にあたって，必要な数理の能力を取得したと言ってもいいでしょう。

　以下に，各章での取り扱い内容と数学分野との対応を簡単に示します。

　序章『建築設計と数理』は，建築設計に数理がどう関連しているかと，なぜ，数理を学ぶかを説明しています。

　第1章『スケール感』は，身近なものの大きさと単位を扱い，単位の基本的な考え方と，建築で扱う機会が多い単位について学びます。また，本書の解説や答えには必ず単位が付いています。数値と単位をひとつのセットとして扱うことが工学的に極めて重要であることも学びます。

第2章『さまざまな事象について計算する』は，計算方法や公式の利用方法などを学びます。これらはそれぞれ数学分野の整数・小数・分数の計算と文字式に対応します。また，前章で養ったスケール感を利用して，計算で求めた答えが建築事象として適切かを判断する工学的判断力も身に付けます。

第3章から第6章では「幾何学に対応する数学分野」を扱います。

第3章『建築設計と図形』は，建築設計には，数学分野の図形的性質を理解することが不可欠であるを説明し，例題や問題を通して，幾何学への興味を引くことを意図しています。

第4章『1D(線)を扱う建築事象』は，縮尺と長さの関係を扱います。これは数学分野の相似に対応します。また，各辺の長さの比が特殊な直角三角形を利用した高さの測定方法を学びます。これは数学分野の三角比に対応します。

第5章『2D(多角形)を扱う建築事象』は，三角形や四角形，円などの基本図形の面積を求める方法を学び，それを応用して，いろいろな多角形の面積を求めます。これは数学分野の面積に対応します。また，建築学に関する基礎知識として，建ぺい率と容積率を求める方法を知ります。

第6章『3D(立体)を扱う建築事象』は，角柱や円柱，角すいなど基本立体の体積を求める方法を学び，それを応用して，いろいろな立体の体積を求めます。これは数学分野の体積に対応します。また，立体の体積から建築力学や構造計算などに関係する質量や重力を求める方法も学びます。

第7章『さまざまな事象について解を求める』は，求めたいものを文字に置き換えて式を立てる方法を学びます。これは数学分野の方程式と不等式に対応します。また，文字式から大小関係や比を求める方法も学びます。これは数学分野の比例・反比例に対応します。

第8章『力を扱う建築事象』は，建築構造力学の入門となる力のつりあいを学びます。最初の力の合成と分解は，数学分野のベクトルに対応します。続けて，物理分野の力のモーメントと力のつり合いについて学び，その上で物体の伸び縮みや曲げモーメントによる変形も学びます。本書のほとんどが高等学校までに学んだことの復習ですが，最後に少しだけ新しいことを学ぶことになります。実力のついた皆さんには容易に理解できる内容になっています。

目　　次

まえがき ———————————————————————————————— ii
本書の取扱い内容 —————————————————————————— iv

序章　建築設計と数理 ———————————————（執筆担当　中野達也）1

第1章　スケール感（身近なものの大きさと単位）———（執筆担当　大貫愛子）5
1.1　単位の仕組 ———————————————————————————— 6
　1　身のまわりの単位　6
　2　尺貫法　12
　3　基本単位（国際単位系 SI）について　19
　4　組立単位　20
　5　大きさを表す単位（接頭辞）　23
　6　割合を示す「記号」　26
1.2　さまざまな単位 ————————————————————————— 30
　1　長さ　30
　2　面積　32
　3　体積　34
　4　重さ　36
　5　いろいろな単位　37

第2章　さまざまな事象について計算する ——————（執筆担当　大貫愛子）41
2.1　計算の前に ——————————————————————————— 42
2.2　基本的な四則演算 ———————————————————————— 45
2.3　分数を含んだ計算 ———————————————————————— 49
2.4　比の計算 ———————————————————————————— 54
2.5　公式に代入して値を求める ———————————————————— 58
2.6　比例・反比例の関係 ——————————————————————— 61
補充問題 ——————————————————————————————— 64

第3章　建築設計と図形 ————————————————（執筆担当　中野達也）69
3.1　図形と幾何学 —————————————————————————— 70
3.2　直線と角度 ——————————————————————————— 72
3.3　形状の美しさ —————————————————————————— 77

3.4 建築パース ……………………………………………………………………… 81

第4章　1D(線)を扱う建築事象 ——————————— (執筆担当　中野達也) 83
4.1 長さの測定 ……………………………………………………………………… 84
4.2 三角比の利用 …………………………………………………………………… 89
4.3 測量への応用 …………………………………………………………………… 93

第5章　2D(多角形)を扱う建築事象 ——————————— (執筆担当　中野達也) 95
5.1 基本図形の面積 ………………………………………………………………… 96
5.2 いろいろな多角形の面積 ……………………………………………………… 99
5.3 建ぺい率と容積率 ……………………………………………………………… 102

第6章　3D(立体)を扱う建築事象 ——————————— (執筆担当　中野達也) 105
6.1 基本立体の体積 ………………………………………………………………… 106
6.2 いろいろな立体の体積 ………………………………………………………… 109
6.3 質量と力 ………………………………………………………………………… 112

第7章　さまざまな事象について解を求める ——————————— (執筆担当　大貫愛子) 115
7.1 未知数を文字にして等式を立てる …………………………………………… 116
7.2 未知数を文字にして不等式を立てる ………………………………………… 119
7.3 公式を利用して大小関係・比を求める ……………………………………… 126
7.4 公式を利用して値の変化を求める …………………………………………… 129
補充問題 ……………………………………………………………………………… 131

第8章　力を扱う建築事象 ——————————— (執筆担当　中野達也) 135
8.1 力の合成と分解 ………………………………………………………………… 136
8.2 力のモーメント ………………………………………………………………… 139
8.3 力のつり合い …………………………………………………………………… 140
8.4 力の変形の関係 ………………………………………………………………… 145

解答 ———————————————————————— **150**
付録
 面積を求める公式　　153
 体積を求める公式　　153
 数学の公式　　154
 平方・立方・平方根・立方根の表　　155
 三角関数表　　156
 建築で扱うおもな量記号　　157
 尺貫法の単位　　158
 ギリシア文字とその使用例　　159
索引 ———————————————————————— **160**
あとがき ———————————————————————— **161**

序章　建築設計と数理

建築物は美しく安全でかつ快適でなければならない

　これは，古代ローマ時代からいわれている **優れた建築物の三大要素** で，どれが欠けてもよい建築物とはいえません。また，建築物の創造は総合芸術と表現されているように，製作の過程で芸術や工学，経済学などの生活に関わるあらゆる学問を駆使することになります。

　日本でも建築学と呼ばれている分野は非常に多岐にわたりますが，建築物の快適性を設計する **建築計画** と，建築物の安全性を設計する **建築構造** に大きく分けることができます。

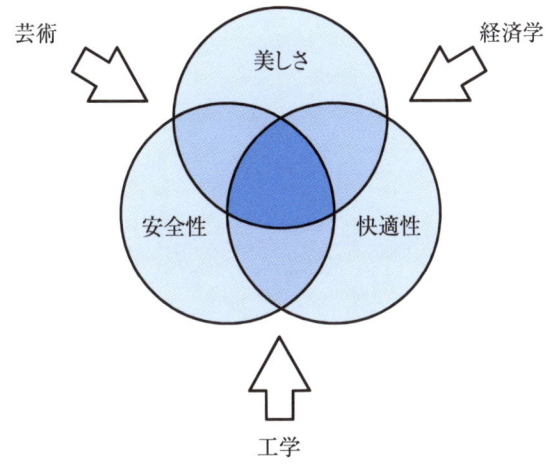

快適性を設計する

　建築物の企画から具体的方針を決め，快適性を検討するのが **建築計画** です。人の行動や心理は，建築物の機能(戸建住宅，集合住宅，学校，病院，美術館など)によって異なり，立地周辺の環境(都市，農村，歴史的集落など)の影響も受けます。これらのことを考慮して，使用する人が快適に過ごせるような建

築物を設計するためには，心理学，環境工学，人間工学，数理手法などの学問分野を応用する必要があります。

また，数学の中の幾何学と呼ばれる分野は図形に関する学問分野です。これ

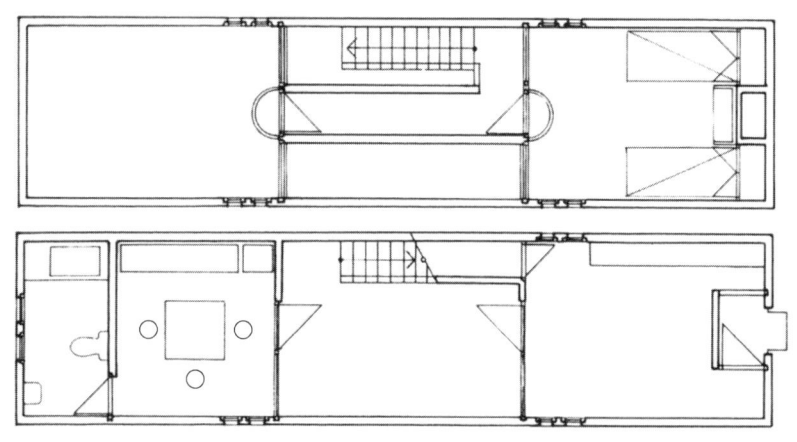

住吉の長屋　平面図

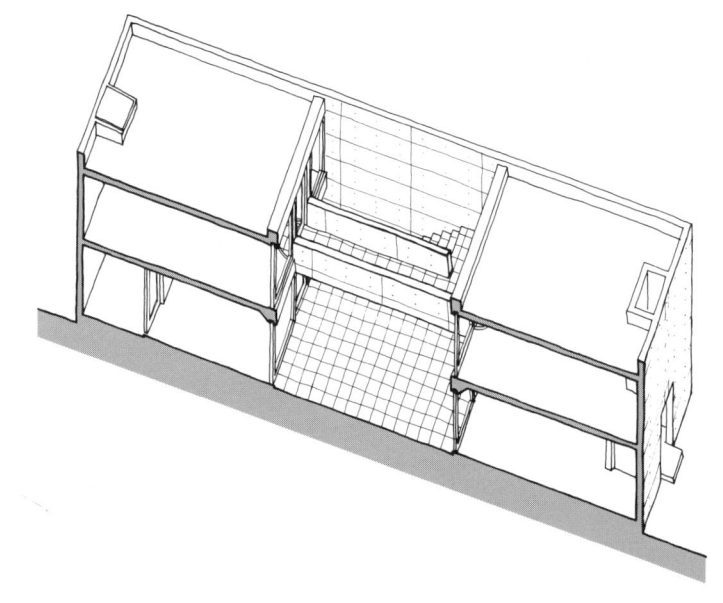

住吉の長屋　アイソメ

（大阪にある安藤忠雄設計の『住吉の長屋』です。中央の $\frac{1}{3}$ を中庭とした鉄筋コンクリート造の住宅で，外周に面した窓を一切設けず，採光や通風を中庭からのみ行っています。）

は，建築設計において共通のコミュニケーションツールとなる**建築図面**を製作するために非常に重要であり，大小さまざまな空間を扱い，想像によってその大きさを決定していく設計者にとって必要不可欠な知識・能力といえます。

さらに，設備設計では，給排水，電気，ガスなどの設備の他，空調設備も検討します。空調計画では必要な容量や台数などを設計するために，本書で扱う**建築数理**を応用した熱量計算や数値シミュレーションが行われます。

安全性を設計する

建築物に作用する荷重(外力)に対する安全性を検討するのが**建築構造**です。荷重(外力)には，建築物自身の重量，人間および物品の重量による重力や，自然界からの地震，風，雪などによるものがあります。特に日本は世界でも有数の地震大国であるため耐震設計が非常に重要です。下の写真の状況を見れば，どんなに大きい地震に対しても，建築物の倒壊を防ぎ人命および財産を保護しなければならないことは容易に理解できるでしょう。

構造設計では構造図面を製作します。構造図面には伏図や軸組図などと呼ばれる図面の他に**構造計算書**も含まれています。この構造計算書こそ荷重(外力)に対する建築物の安全性を確認・証明するものであり，本書で扱う**建築数理**を発展させたものになります。

木造2階建て住宅の倒壊

軽い屋根の木造住宅の倒壊

（1995年に発生した兵庫県南部地震による被害の状況です。大都市直下を震源とする日本で初めての大地震で，死者の約8割に当たる約5千人は倒壊した木造家屋の下敷きになって死亡してしまいました。）

出典：日本建築学会・土木学会編，1995年阪神・淡路大震災スライド集　建築構造物編，丸善株式会社出版

筋道を立てて論理的に思考する能力

ここで，本書における**数理**の考え方に触れておきます。基本的な学習内容としてはこれまで学んできた**数学**と同じです。同じですと聞くと拒絶反応が出てしまう人も少なくないでしょう。ただ，そういった人はこれまで学んできた数学を「計算により数値を求める学問」と思っていませんか？

これは「数学」ではなく「算数」であり，数学で学ぶことのほんの一部です。数学を学ぶことの本来の目的は，**筋道を立てて論理的に思考する能力**を身に付けることにあります。

建築設計と数学的な能力

建築設計はコンセプトを設定し，それを建築物として具体的に表現していく行為です。この作業はまさに論理的な思考の連続で，数学的な能力が大いに必要になります。

また，建築に限らず，自分の考えを相手に説明するプレゼンテーション能力は非常に重要です。相手が専門家であれ，専門的な知識を持たないクライアントであれ，その場面に応じた的確な説明ができなければ充分なコミュニケーションを取ることは不可能です。このことは，一見，数学とは無関係に思えますが，求められていることに対して的確な内容を筋道立てて説明するために必要なのはまさに数学的な能力です。

なぜ『建築数学』ではなく『建築数理』なのか？

「数学」は人間が作り出した決まり事に過ぎません。さまざまな自然現象・事象に対して理論上の解釈を与えることができるのは**数理科学**です。広い意味では，物理学や経済学などの数学を利用する学問全般を指し，数学はそれらの強力な記述方法として利用されているだけなのです。

本書ではほとんどの例題・問題を建築で扱う事象にしています。つまり，計算によって求められる数値に物理的な意味があり，「建築事象に対して数学というツールを利用する方法」を中心に扱っています。**建築数理**では数学そのものというより，その利用方法を学ぶことに重点をおけばよいのです。

それでは，建築設計と建築数理の関わりがわかったところで，早速，問題に取りかかりましょう！

第 1 章　スケール感　身近なものの大きさと単位

　私たちは，ものの量を調べるときにはどのように調べるでしょうか。
　　　長さなら，定規やメジャーで測る。
　　　面積なら，辺の長さ等を測って計算で求める。
　　　重さなら，秤(はかり)で量る。
　　　時間なら，ストップウォッチや時計で計る。
　　　温度なら，温度計で測る。
　それぞれ，基準になる量が決まっていて，それをはかるものがあります。それによってものの量を調べ，比較することができます。

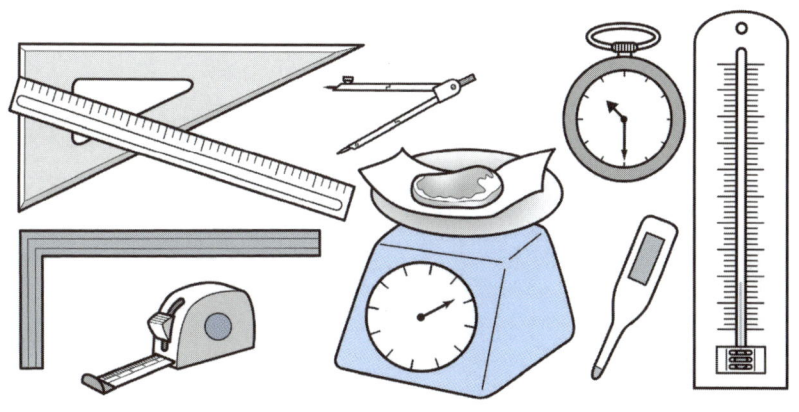

ものの量をはかる道具

　「単位」とは，比較の基準となるように大きさを定めた量のことです。
　この「単位」は，長さ・質量・時間などの種類によって別のものを用い，同じ種類の単位でも量の大小によって別のものを用います。また，国や時代によって異なる単位が多数用いられています。
　ここでは，単位の基本的な考え方と，建築を学ぶ上で重要な単位について学習しましょう。

1.1 単位の仕組

1. 身のまわりの単位
■さまざまな単位

　私たちは，身のまわりのものの量・大きさなどを表すときに，多くの単位を用いている。単位にはさまざまな種類があるが，私たちはものの種類や大小を判断して，そのものの量を示すのに適切な単位を選び出して使っている。

> **例題 1-1**
>
> 以下の文章の下線部に入る適当な単位を，語群から選び，書きなさい。
> (1)　台風14号の中心気圧は，現在945＿＿＿＿である。
> (2)　あの人の住んでいる豪邸の土地は，2万＿＿＿＿あるらしい。
> (3)　電気の周波数は，関東などでは50＿＿＿＿，関西などでは60＿＿＿＿である。
> (4)　あのゴルフ選手のドライバーの飛距離は300＿＿＿＿を超える。
> (5)　この飲み物1本には，タウリンが1 000＿＿＿＿配合されている。
> (6)　昨日は猛暑日で，最高気温は37＿＿＿＿だった。
> (7)　1リットル入りの牛乳パック1本の重さは，およそ1＿＿＿＿である。
>
> **語群**　Hz(ヘルツ)　　kg　　hPa(ヘクトパスカル)　　mg　　ヤード
> 　　　　℃　　坪

解説　省略

問題 1-1　以下の文章は，すべて長さについて書かれたものである。下線部に入る単位を，語群から適当だと思われるものを選び，書きなさい。
(1)　A君の靴のサイズは26＿＿＿＿だ。
(2)　地球と恒星シリウスの距離は，約8.6＿＿＿＿である。
(3)　利根川の長さは，323＿＿＿＿である。
(4)　日光男体山の標高は，2 486＿＿＿＿である。

(5) スギ花粉の直径は，およそ 30＿＿＿である。
(6) 髭は，1日におよそ 0.3～0.4＿＿＿伸びる。
(7) 金箔の厚さは，およそ 100＿＿＿である。
(8) 山手線は，1周で約 34.5＿＿＿ある。

語群　nm　μm　mm　cm　m　km　光年[注]

[注]　光年とは，光が宇宙空間を1年間に通過する距離で，約9.5兆 km である。

身のまわりには，さまざまな単位があり，
・事柄に応じて適切な単位
・同じ事柄でもその量の大小に応じて適切な単位
を，無意識のうちに使っているということが確認できただろう。
では逆に，単位が示されたときに，それが何の量を表すものか考えてみよう。

例題 1-2

下記の単位は，それぞれ何の量を表すものか。当てはまるものを（　　）内に書きなさい。また，その中でもっとも大きいものの量を表すときに使われる単位を［　　］内に書きなさい。

単位　m^2　リットル　kg　t　mm^3　ヤード　mm　g
　　　尺　ポンド　km　m^3　ha　km^2

量		大きいものに使う単位
長さ(距離)	(　　　　)	[　　]
広さ(面積)	(　　　　)	[　　]
大きさ(体積)	(　　　　)	[　　]
重さ	(　　　　)	[　　]

解説　省略

問題 1-2　例題にある単位のほかに，知っている単位を上げ，何の量を表すものか書きなさい。
　(例)　Pa(パスカル)→圧力を表す　　A(アンペア)→電流を表す

■ ものの量を示すには「単位」が必要である

　ものには，数えられるものと数えられないものがある。

　例えば，図1-1の場合，リンゴが「5個」，缶ジュースが「3本」，家が「2軒」と数えられる。

　ではその大きさを表すにはどうしたらいいだろうか。缶ジュースの場合，お徳用サイズ・普通のサイズ，缶コーヒーのサイズといえば通じるかもしれないが，大きいリンゴ・小さいリンゴ，広い家・狭い家では，具体的な大きさはまったく表せない。家の横幅を示すときにも，「20歩と30歩」などと表現できるが，その1歩の大きさは人によって異なってしまう。

図1-1

　缶ジュースの中身の液体は数えることができないが，その液体を一定の量ごとに詰めることによって，本数を数えることができるようになる。その「一定の量」は，例えば

$$500\,\mathrm{mL} \cdot 350\,\mathrm{mL} \cdot 190\,\mathrm{mL}$$

などと決められており，共通の［mL］という単位を用い，500・350という数の大小で量を表現することができる。

　このように，数えられないものの量を示すときには「基準となる量」を決め，その基準となる量が「どれだけ」あるかで量を示している。この基準となる量が単位で，単位を用いて量を示すことでその実態をつかむことができ，具体的な大きさを比較したり共通の認識に基づいて人に伝えたりできるようになるのである。

図 1-2 は，丹下健三が設計した，国立代々木競技場第一体育館である。最高の高さは 40.37 m，建築面積は 20 620 m² である。高さの場合，「40.37 m」がものの大きさを表す**量**であり，量の基準となる**単位**[m] とその単位がどれだけあるかを示す**数**(すう) 40.37 の積で表されている。

図 1-2

- 最高の高さ…　40.37　×　1 m
- 建築面積…　20 620　×　1 m²

■ **スケール感**

私たちはふだん，後ろにつく単位が暗黙のうちに了解されている場合，単位を省略して数値だけを示すことがある。例えば友達に身長を聞いた答えが「168」であれば，後ろにつく単位は [cm] である。RC 造(鉄筋コンクリート造)の建物の柱のサイズが「600」であれば，後ろにつく単位は [mm] である。

ここで，身長の単位である [cm] を省略できるのは，私たちは身長が

- 一般的にどの程度の大きさであるか
- 一般的に何の単位を用いるか

の感覚を生活(これまでの経験)から学んで把握(はあく)しているからであり，このような感覚のことを**スケール感**と呼んだりする。このスケール感は，建築を学び建築に携わる上で非常に大切なものである。

建築のスケール感……

- 何がどのくらいの大きさであるか。
- どのような場合に何の単位を用いるか。

この感覚を，これからの学習や身の周りのものの観察，またさまざまな経験を通して身に付けていってほしい。

1.1 単位の仕組　9

例題 1-3

　図1-3は，さまざまな建築物の大きさを表したものである。以下の項目について当てはまる数値を語群から選び，(　　)内に書きなさい。

(1) 東京タワーの高さ　　　　(　　)m
(2) 東京ドームの高さ　　　　(　　)m
(3) 通天閣の高さ　　　　　　(　　)m
(4) 法隆寺五重塔の高さ　　　(　　)m
(5) サンシャイン60の高さ　　(　　)m

語群　333　　240　　103　　56　　32

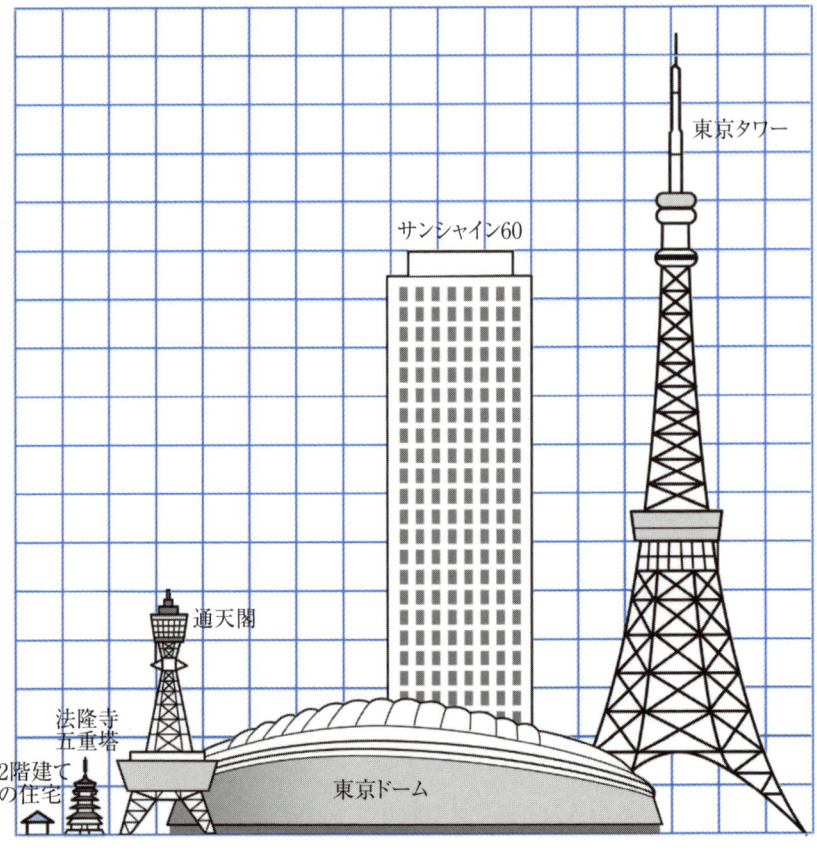

図1-3

解説　省略

問題 1-3　図1-3で，1マスは何 m を表しているか。

問題 1-4　以下の事柄の量を示すのに適当な単位を，語群から選び（　　）内に書きなさい。
- (1)　法隆寺五重塔の高さ　　　　　　　　　…　　31.5　（　　）
- (2)　東京タワーの高さ　　　　　　　　　　…　　332.6（　　）
- (3)　A5版サイズの長辺（この教科書の縦の長さ）…　210　（　　）
- (4)　シングルベッドの長さ（およそ）　　　　…　　200　（　　）
- (5)　富士山の高さ　　　　　　　　　　　　…　　3 776　（　　）

語群　mm　　cm　　m　　km

2. 尺貫法──木造住宅の寸法の元になっている単位

■生活で耳にする，昔ながらの単位

> **例題1-4**
>
> 次のものの量を示すときに，どのようないい方をするか。適当なものを線で結びなさい。
>
> | | いい方 | 用例 |
> |---|---|---|
> | (1) 日本酒，醬油・ | ・斤（きん） | 1斤 |
> | (2) 部屋の広さ ・ | ・斗（と） | 一斗缶（いっとかん） |
> | (3) 土地の広さ ・ | ・坪 | 100坪 |
> | (4) 食パン ・ | ・合，升（ごう しょう） | 四合瓶，一升瓶（しごうびん、いっしょうびん） |
> | (5) 油，溶剤など・ | ・畳（または帖）（じょう） | 4畳半，6畳 |

解説 (1)…合，升 (2)…畳，帖 (3)…坪 (4)…斤 (5)…斗

これらは，日本古来の単位の例で**尺貫法**（しゃっかんほう）と呼ばれるものである。

体積には，合・升・斗などが用いられてきた。一升瓶が1.8Lだったり灯油が18Lで売られたりするのは，その名残（なごり）である。米の計量にも「合」を用いるため専用の容器を使うことが多い(料理全般では1カップは200 mLであるが，米の1カップは180 mLである)。

広さには坪を用い，1坪とは，およそ畳2枚分の広さである。食パンの現在の1斤の重さは，尺貫法の1斤とは異なるが[注]，呼び方だけが残っている。

[注] 付録「尺貫法の単位」参照

問題 1-5 以下の言葉は，尺貫法の単位が元になっている言葉などである。下線部にあてはまる単位を，語群から選び答えなさい。（重複選択可）

(1) 五＿＿＿釘　　　　(2) 一＿＿＿法師
(3) 一＿＿＿塚　　　　(4) 母を訪ねて三千＿＿＿
(5) 尺＿＿＿法　　　　(6) 百万＿＿＿大名
(7) 曲＿＿＿（かねじゃく）　(8) 一＿＿＿歩（いっちょうぶ）

(9) アルプス一万＿＿＿　　(10) ＿＿＿取虫

(11) 花一＿＿＿　　(12) 五＿＿＿霧中

語群　寸　里　貫　石　尺　町　匁(もんめ)

■木造住宅のモデュール

　図1-4は，2階建ての在来軸組工法の木造住宅の，1階の平面図である。建物の各部の寸法が［mm］で示されているが，非常に中途半端な数字が多い。

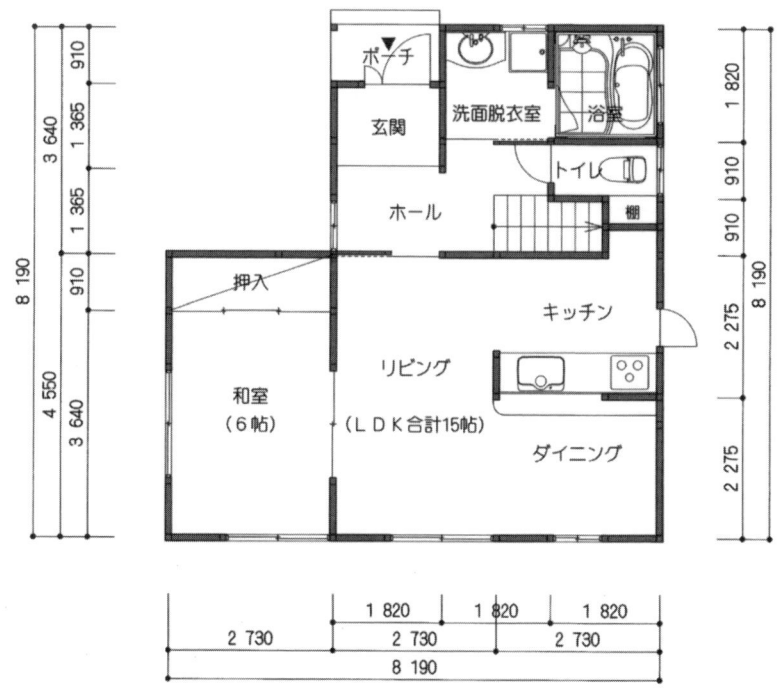

図1-4　木造住宅の1階平面図（例）

　寸法をよく見てみると，910・1 365・1 820・2 730といった値が何度も出てきていることがわかる。そこで，910・1 820・2 730の公約数の「910」おきに実線で線を書き入れ，910・1 365の公約数である「455」おきに点線で線を書き入れてマス目を作ってみると，部屋の大きさや建具の寸法が，ほぼこのマス目にそって作られていることがわかる。

　図1-5の平面図の場合，6帖の和室は3マス×4マス，浴室は2マス×2マ

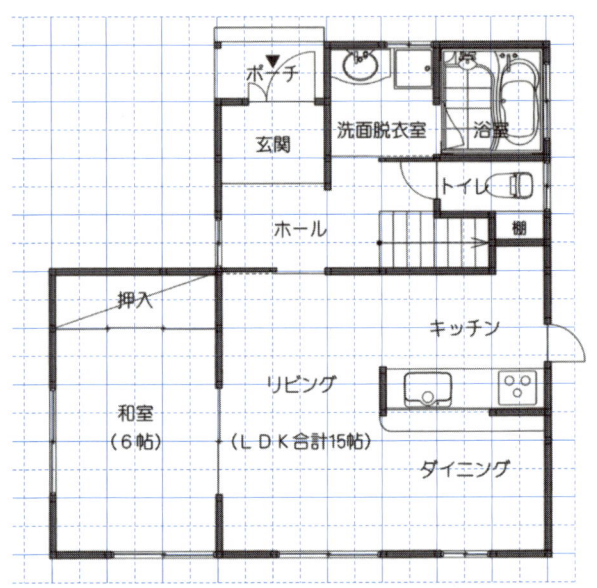

図1-5 木造住宅の1階平面図（例）

ス，キッチンの奥行きは2.5マス，廊下と階段の幅は1マス，ドアは1マス，大きな窓は2マスである。

　このマス目が，木造住宅において基準となっている単位(**モデュール**)で，木造住宅の各部はこのマス目の倍数の寸法で構成されていることが多い。

■長さの基本単位「間」

　木造住宅における長さの基本単位は「**間**」，「**尺**」，「**寸**」で，1間は6尺，1尺は10寸である。また1辺が1間の正方形の面積が**1坪**である。もともと「間」は柱と柱の間隔のことを指す言葉であり，三十三間堂は柱間が33あることからこう呼ばれている。

　各部の寸法では，畳の長辺が約1間(6尺)・短辺が約半間[注]で，畳2枚分の面積が約1坪である。引き違いの掃き出し窓は柱間の幅が1間である。柱は3.5寸角か4寸角が多い。

[注] 畳の寸法は，地域によって異なる。

　SI単位(p.19)との換算は，以下のようになる。

- 1 間 ＝ 6 尺 ＝ 1 818…mm ⇒ <u>1 820 mm</u>
- 半間 ＝ 3 尺 ＝ 909.09…mm ⇒ <u>910 mm</u>
- 1 尺 ＝ 10 寸 ＝ 303.03…mm（小学校で使った 30 cm 定規の長さ）
- 1 寸 ＝ 30.303…mm
- 1 坪 ＝ 1 間×1 間 ＝ 1.818…m×1.818…m ＝ 3.305 78…m² ≒ 3.3 m²
  ⇒ <u>1.82 m×1.82 m</u> ＝ 3.312 4 m²

 尺貫法とメートル法との換算では 1 尺を $\frac{10}{33}$ m と定義しているため，1 間は約 1.818 18…m と半端な数値となる。現在，在来工法の木造住宅は，一般に 1.82 m を基本のモジュールとして図面が描かれ，建てられている。そのため，本書では「1 間 ＝ 1 820 mm」として長さ・面積の換算を行う（下線を引いた値を用いる）。

 木造住宅のモジュールが 910 mm なので，木造住宅の図面を描くときには 4.55 mm の方眼紙を用いる（1/200 の縮尺の場合 1 マスで半間，1/100 の縮尺の場合 2 マスで半間となる）。土地の面積は「坪」で表し，住宅の施工費でも「坪単価（円/坪）」を用いる。建材は尺貫法の寸法体系に基づいて作られているものが多く，また大工の棟梁などは尺貫法の単位を口にすることも多い。そのため，尺貫法のそれぞれの単位の大きさを把握し，またメートル法の単位との換算ができるようにしておくことが大切となる。

例題 1-5

 図 1-6 の方眼に，次のものの大きさを書き込みなさい。
(1) 2 帖の広さの浴室（ユニットバスの 1616 サイズ）
(2) 1.5 間×2 間の 6 帖の和室と，幅 1 間奥行き半間の押入れ
(3) (2)の中に，3 尺×4 尺の掘りゴタツ
(4) 0.75 間（$\frac{3}{4}$ 間）×1 間のトイレ　手洗いカウンター付
(5) 8 帖の洋室と，幅 1 間奥行き 1 間のウォークイン・クローゼット
(6) 幅半間×長さ 1 間半の，直階段（1 段の長さ（踏面）は 227.5 mm（910 の 4 つ割））
(7) 2 730 mm×5 460 mm の普通乗用車用の駐車場

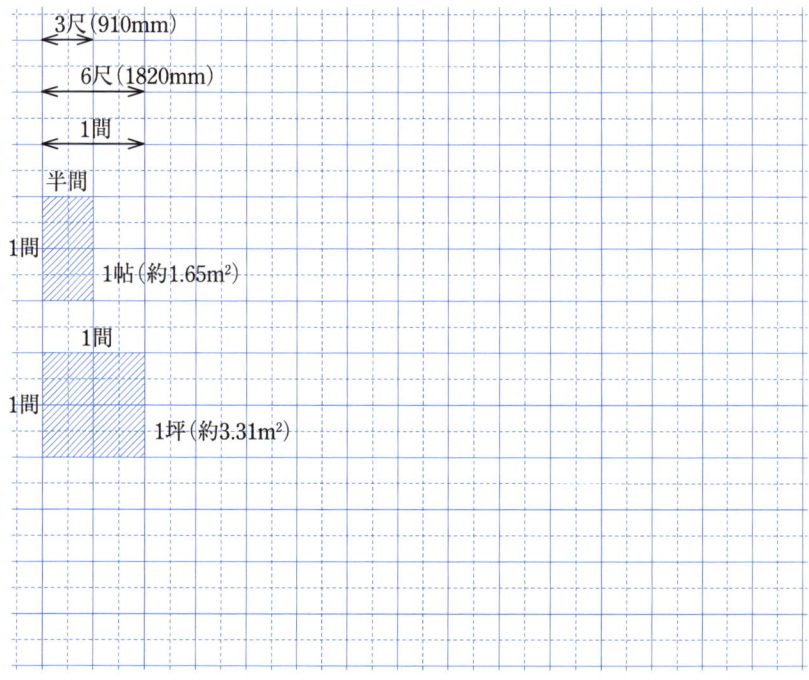

図1-6

解説 省略

例題1-6

縦4間・横5間の長方形で総2階の建物の床面積は，何坪になるか。また，何 m^2 になるか。小数第3位を切り捨て，小数第2位まで求めなさい。（1坪は $3.3124\,m^2$ で換算）

解説

1階あたりの面積が，4間×5間 ＝ 20坪

総2階なので，20坪×2 ＝ 40坪

1坪は $3.3124\,m^2$ なので，

$40×3.3124 = 132.496$　　　　よって，$132.49\,m^2$

注 4間・5間をメートルに換算して面積を出すのではなく，面積を坪で出してからメートル法に換算するとよい。

問題 1-6 下線部にあてはまる数字を書きなさい。
(1) 4.5 間 = _____ m
(2) 3 尺 = _____ mm
(3) 1 365 mm = _____ 尺
(4) 3.5 寸 = _____ mm
(5) 40 坪 = _____ m^2
(6) 500 m^2 = _____ 坪
(7) 6 帖の和室の面積 = _____ 坪 ≒ _____ m^2

問題 1-7 下の表は，間と mm の対応関係を示したものである。空欄を埋め，表を完成させなさい。

間	1	1.5	2	2.5	3	3.5	4	4.5	5
mm	1 820	2 730							9 100

注 例えば1.5間は 1,820×1.5 だが，910×2×1.5 = 910×3 で計算すると暗算しやすい。

問題 1-8 図1-7のような平面形状の，平屋の建物がある。1目盛が半間(910 mm)のとき，各辺の寸法を間で書き入れ，面積は何坪になるか求めなさい。また，各辺の寸法を [mm] で書き入れ，面積は何 m^2 になるか求めなさい。

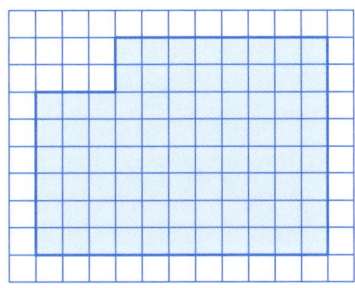

図1-7

トピックス　　他の国の単位系

日本で尺貫法が用いられてきたように，世界各国に昔から使われている単位系があり，例えば米国・英国などでは「ヤード・ポンド法」が用いられています。

この「ヤード・ポンド法」ですが，日本の生活の一部でも耳にすることがあるのではないでしょうか。例えば，車のタイヤのサイズ(ホイールの直径)は「インチ」，ボーリングの玉の重さは「ポンド」，飛行機の飛行高度は「フィート」，原油価格は「1バレルあたり」で表されています。

最近では，単位系の国際的統一という考え方から，これらの単位は用いずに表す場合があります。例えばテレビやモニタのサイズは対角線の寸法を「インチ」で表していますが，「42型」などと呼んでいます。

3. 基本単位(国際単位系 SI)について

日本で尺貫法が使われているように世界各国に独自の単位系があるが,取引などの際には統一された単位を使用する必要がある。そこで,**国際単位系(SI単位)** という国際的に統一された単位系が定められた。

SI単位では表1-1の7つの基本単位が定められ,単位の基準になっている。

表1-1 SI単位の基本単位

量	単位記号	名 称
長さ	m	メートル
重さ(質量)	kg	キログラム
時間	s	秒
電流	A	アンペア
温度(熱力学)	K	ケルビン
物質量	mol	モル
光度	cd	カンデラ

トピックス 単位は何を基準に決めた?

日本の尺貫法や米国のヤード・ポンド法などの世界各国にある独自の単位系は,ほとんどが,人体寸法や身近なものの量に基づいてできた単位です。それに対しSI単位は,時代や国を問わず使えることを目指して,人工的に作られた単位です。

フランス革命の頃に,世界中の単位を統一した新しい単位を作ろうという動きがおこり,自然科学を根拠とする数値で単位を定義しました。

長さは,地球の北極から赤道までの子午線の長さの1 000万分の1を1 mと定義し,重さは,10 cm角の直方体の体積(1 000 cm^3 = 1 L)の水の重さを1 kgと定義しました。1 mは,キュビット(肘から中指の先までの長さ)の2倍のダブルキュビットに近く,ヨーロッパ各国では受け入れやすい数値でした。

これらの定義は時代とともに変更され,現在では,1 mは1秒の299 792 458分の1(約3億分の1秒)の時間に光が真空中を伝わる距離と定義されています。SI単位は世界中に普及し,主要国(アメリカを除く)で共通して使われています。

1.1 単位の仕組

4．組立単位

3節で，7つの基本単位が定められていると学習したが，私たちのまわりには，それ以外に数多くの単位が存在している。では，7つの基本単位以外の単位はどのように定められているのだろうか。

さまざまな単位は，すべて基本単位の組み合わせでできている。
SI単位のように量を示す基本になっている単位を**基本単位**と呼ぶのに対し，基本単位を組み合わせてできる単位を**組立単位**と呼ぶ。
組立単位の単位記号は，元の量をどのように計算するかによって決まる。
例えば，縦3m横4m高さ2.5mの部屋では，一辺の長さを表す［m］が基本単位である。床面積を求めるには3m×4mのように，

$$[\text{m}] \times [\text{m}]$$

の計算をするので，面積の単位は［m^2］という組立単位になる。

体積を求めるには3m×4m×2.5mのように，

$$[\text{m}] \times [\text{m}] \times [\text{m}]$$

の計算をするので，体積の単位は［m^3］という組立単位になる。

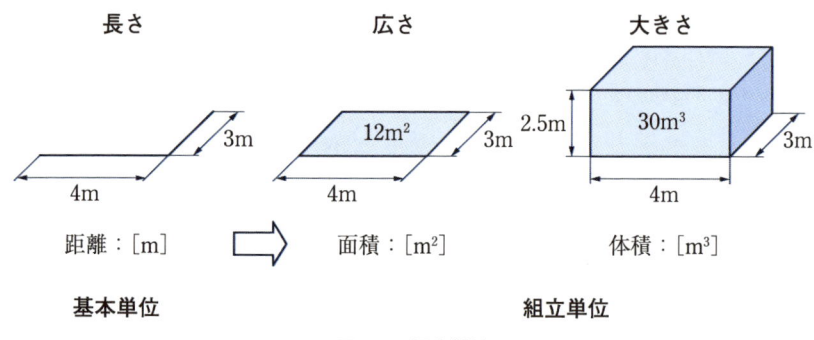

図1-8　組立単位

組立単位の単位記号は，以下の決まりで組み合わせる。
- 同じ単位を掛ける場合　　　指数 2, 3 などで示す（m^2, m^3 など）
- 異なる単位を掛ける場合　　積として「・」で表す（N・m, V・A など）
- 割る場合　　　　　　　　　「/」で表す（km/h, g/cm^3 など）[注]

[注] km・h^{-1}，g・cm^{-3} のように表記することもある。

「/」の読み方には，他の部分を日本語で読む場合には「毎（まい）」，英語で読む場合には「パー」を用いる。
　例えば，
- [km/h] はキロメートル毎時またはキロメーター　パー　アワー
- [g/cm^3] はグラム毎立方センチメートルまたはグラム　パー　キュービックセンチメーター
- [m/s^2] はメートル毎秒毎秒またはメーター　パー　スクエアセカンド

となる。
　組立単位の中には，別の記号（固有の名称）を用いて表すものもある（p.37）。また，建築でよく扱う組立単位の例は，p.38 で示した。

例題 1-7

次の計算を行ったときの，単位を求めなさい。
(1) 長さ [cm] × 長さ [cm]
(2) 重さ [kg] ÷ 体積 [m^3]
(3) 重さ [kg] × 長さ [m] ÷ 秒 [s] ÷ 秒 [s]
(4) 体積 [m^3] ÷ 面積 [m^2]

解説　(1) [cm^2]　　(2) [kg/m^3]　　(3) [kg・m/s^2]　　(4) [m]

| トピックス | 単位を見れば計算式がわかる！ |

　皆さんは小学生の頃に，道のり・速さ・距離の関係について学習したと思いますが，計算方法がわからず苦手だった人も多いのではないでしょうか。

　この節で，組立単位は量の計算の方法で決まると学習しました。これを逆に考えれば，単位を見れば計算の方法がわかるということです。

　例えば，速さは単位が [km/h] なので [km] を [h] で割る，つまり

$$距離 \div 時間$$

で求められます。

　速さ [km/h] と時間 [h] から距離を求める場合，[km/h] に [h] を掛ければ分母が消え [km] になるので計算式は

$$速さ \times 時間$$

だとわかります。

　もし [W/(m・K)] という知らない単位が出てきたとしても，[W] を表すものを [m] と [K] を表すもので割るという計算の手順がわかるのです。

注　係数がつくこともあるので，公式のすべてがわかるわけではありません。

5. 大きさを表す単位（接頭辞）

例題 1-8

次の式は，間違えている。なぜ間違えてしまっているのか。また，正しい答えは何か。
(1) $60 \text{ kg} + 5 \text{ kg} + 400 \text{ g} = 465 \text{ kg}$
(2) $20 \text{ cm} + 300 \text{ mm} = 320 \text{ mm}$

解説

単位が異なるのにそのまま計算しているので誤った答えとなっている。
正しい答えは，(1) 65.4 kg または 65 400 g　(2) 50 cm または 500 mm

同じ量を示す単位にはいくつかの種類があり，例えば長さでは，1.5 m は 150 cm や 1 500 mm と表現することができる。SI 単位で定められた基本単位は [m] であるが，それにセンチやミリなどの接頭辞が前に付いて，[cm] や [mm] などの別の単位になる。示したいものの値の大小によって，適切な単位に変える。

例題では，[kg] や [cm] など日頃から使い慣れている単位だったため，感覚的に間違いに気付けたことだろう。

しかしこれが [N/mm^2] のように実生活では使わない単位の計算になると，大きさをイメージしにくいためか，実際にこのような誤りをおかす人が多いので注意してほしい。

今後，計算を行うにあたって，単位を統一するということが非常に重要になってくる。問題で与えられた単位を見比べ，異なる大きさの単位が混在している場合には，必ず単位を統一してから問題に取り掛かるようにする。

表 1-2 に，接頭辞の一覧を示す。さまざまな種類があるが，実際に建築の計算などで用いるのはミリ・キロと，センチ（長さに限る）だけであろう。他には，ヘクトパスカル・ヘクタール・デシリットルなどの限られた単位で接頭辞を用いることがある。身のまわりでは，コンピュータの分野において容量を示

表1-2 SI単位と用いる接頭辞

接頭辞	記号	読み方	10^n	十進法表記
yotta	Y	ヨタ	10^{24}	1000000000000000000000000
zetta	Z	ゼタ	10^{21}	1000000000000000000000
exa	E	エクサ	10^{18}	1000000000000000000
peta	P	ペタ	10^{15}	1000000000000000
tera	T	テラ	10^{12}	1000000000000
giga	G	ギガ	10^{9}	1000000000
mega	M	メガ	10^{6}	1000000
kilo	k	キロ	10^{3}	1000
hecto	h	ヘクト	10^{2}	100
deca	da	デカ	10^{1}	10
			10^{0}	1
deci	d	デシ	10^{-1}	0.1
centi	c	センチ	10^{-2}	0.01
milli	m	ミリ	10^{-3}	0.001
micro	μ	マイクロ	10^{-6}	0.000001
nano	n	ナノ	10^{-9}	0.000000001
pico	p	ピコ	10^{-12}	0.000000000001
femto	f	フェムト	10^{-15}	0.000000000000001
atto	a	アト	10^{-18}	0.000000000000000001
zepto	z	ゼプト	10^{-21}	0.000000000000000000001
yocto	y	ヨクト	10^{-24}	0.000000000000000000000001

すときにメガやギガを用いるほか，原子レベルの加工・制御技術をナノテクノロジーといったりする。

実際の計算では，同じ量を小さい単位で表すときには0を増やし，大きい単位で表すときには0を減らす，または小数点をずらす。

例えば，20 m を [m] より小さい単位である [mm] で表すには，

$$20 \times 1\,000 = 20\,000$$

で，20 000 mm となり，0が3個増える。

20 m を [m] より大きい単位である [km] で表すには，

$$20 \times \frac{1}{1\,000} = 0.02$$

で，0.02 km となり，小数点が3個ずれる。

例題 1-9

次の計算をしなさい。答えは（　　　）内の単位で表す。

(1) $2.5\,t + 700\,kg =$ 　　　　(kg)
(2) $2\,m + 80\,cm =$ 　　　　(cm)
(3) $250\,m + 3\,km =$ 　　　　(km)
(4) $2\,時間 + 40\,分 =$ 　　　　(分)

解説　(1) 3 200 kg　　(2) 280 cm　　(3) 3.25 km　　(4) 160 分

問題 1-9　下線部にあてはまる数字を書きなさい。

(1) $10\,kg =$ ＿＿＿＿ g
(2) $10\,000\,mm =$ ＿＿＿＿ km
(3) $100\,cm =$ ＿＿＿＿ m
(4) $0.5\,kN =$ ＿＿＿＿ N
(5) $3\,kg =$ ＿＿＿＿ g $=$ ＿＿＿＿ mg
(6) $1\,m^2 = 1\,m \times 1\,m =$ ＿＿＿＿ cm $\times$ ＿＿＿＿ cm $=$ ＿＿＿＿ cm^2
(7) $1\,kN\cdot m =$ ＿＿＿＿ N・m

6. 割合を示す「記号」

「あるものに対してどのくらいか」を示したいときに，私たちはいろいろな表現をする。

例えば，東京ドーム◯個分の面積，レモン◯個分のビタミンC，降水確率◯%，湿度◯%，打率◯割◯分◯厘，など。

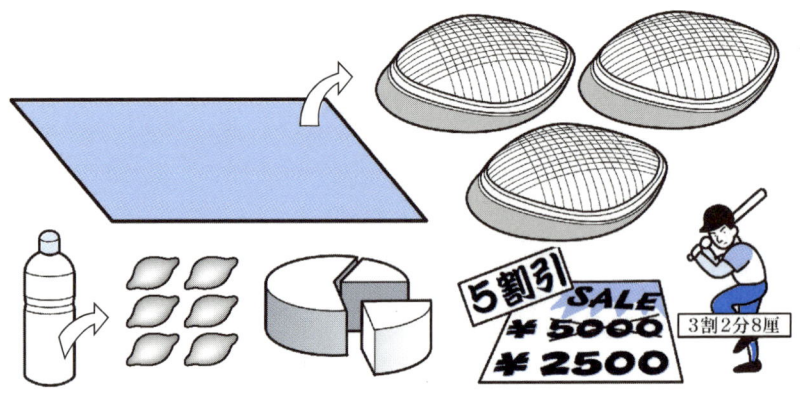

図1-9　いろいろな割合（比率）の示し方

このように，
- 基準に対して，どのくらいあるのか
- 基準(全体)に対して，どの程度を占めるのか

を示したいとき，つまり，基準になる量に対するある量の比を求めたいときに，割合を用いる。

比較の基準の量を b，比較したい対象の量を a とすると，

$$a \div b = \frac{a}{b}$$

で割合を求める(ただし $b \neq 0$)。

比較したい対象の量が基準の量より大きい場合には，割合は1より大きい値になり，「倍」で示すことが多い。

例題 1-10

バチカン市国の面積は，およそ 0.44 km^2 である。この面積は，東京ドーム(建築面積 $46\,755 \text{ m}^2$)のおよそ何倍か。

解説

まず，比較する量を同じ単位に統一する。
$$0.44 \text{ km}^2 = 0.44 \times 1\,000\,000 = 440\,000 \text{ m}^2 \quad ([\text{m}^2] \text{ に統一})$$

東京ドームと比較すると，
$$440\,000 \div 46\,755 \fallingdotseq 440\,000 \div 47\,000 = 9.36\cdots$$

よって，東京ドームのおよそ9倍

注 厳密に計算すると，東京ドームの9.41倍となるが，ここではわかりやすさを優先して概数で示した。

問題 1-10 バチカン市国の面積は，およそ 0.44 km^2 である。この面積は，テニスコート(縦 $23.77 \text{ m} \times$ 横 10.97 m，約 260 m^2)のおよそ何倍か。

比較したい対象が基準の量より小さい場合には，割合は0より大きく1より小さい値となる。そのまま小数で示したり，10分の○，100分の○と分数で示すこともある。

また，整数で示した方が数値としてわかりやすいため，

$a \div b \times 10 = 10\dfrac{a}{b}$ の場合，「**割**」(10分のいくつかを示す)

$a \div b \times 100 = 100\dfrac{a}{b}$ の場合，「**%**」(**百分率**ともいう，100分のいくつかを示す)

$a \div b \times 1\,000 = 1\,000\dfrac{a}{b}$ の場合，「**‰**」(パーミル)

と，求められた割合を 10^n 倍して記号をつけて割合を示すこともある。

例えば，基準の量が 200 kg，比較したい量が 40 kg の場合，

$40 \div 200 = 0.2$ 　　　　　割合は0.2，または $\dfrac{2}{10}$, $\dfrac{20}{100}$

$40 \div 200 \times 10 = 2$ 　　　　2割

基準になるものが2個半
⇨ 2.5，2.5倍

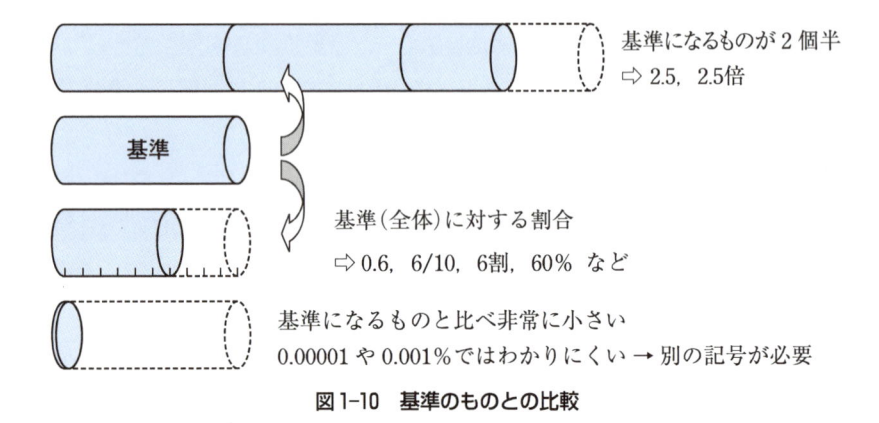

基準

基準(全体)に対する割合
⇨ 0.6，6/10，6割，60% など

基準になるものと比べ非常に小さい
0.00001 や 0.001% ではわかりにくい → 別の記号が必要

図1-10 基準のものとの比較

$$40 \div 200 \times 100 = 20 \qquad 20\%$$

となる。

濃度など，割合が非常に小さいものを表す場合には，

$$a \div b \times 1\,000\,000 = 1\,000\,000\,\frac{a}{b}$$

と割合を100万倍して求められる百万分率(100万分のいくつであるかという割合)を示す［ppm］(ピーピーエム，parts per million)を用いる。

割合で基準の量と比較する量は，必ず同じ種類の量である。例えば，200 kgのものに対する 40 kg のものの割合は求められるが，200 kg のものに対して5 m のものの割合は求められない。

割る量と割られる量の単位が同じため(先程の例の場合，［kg］÷［kg］)，割合の単位はなくなる。割合を示すときの「倍」，「%」，「ppm」などは，単位ではなく記号である。

例題1-11

10 kg の物体に物質 A が 0.3 g 含まれていた。この濃度は何%になるか，また何 ppm になるか。

解説

まず，比較する量を同じ単位に統一する。

$$10 \text{ kg} = 10\,000 \text{ g} \quad ([\text{g}] \text{ に統一})$$
$$0.3 \div 10\,000 \times 100 = 0.003 \quad \text{すなわち} \quad 0.003\%$$
$$0.3 \div 10\,000 \times 1\,000\,000 = 30 \quad \text{すなわち} \quad 30 \text{ ppm}$$

注　1 ppm = 0.000 1%，10 000 ppm = 1% である

例題 1-12

ある商品が 30% 引きで売られていた。今回は特別に，さらに 20% 引きで売ってくれるという。もとの価格の何% で購入できるか。

解説

30% 引きから 20% 引きなので，「30＋20 ＝ 50 で 50% 引き」ではない。「30% 引き ＝ 70%」の値段で，そこから「20% 引き ＝ 80%」の値段なので，

$$\frac{70}{100} \times \frac{80}{100} = \frac{56}{100}$$

となり，56% の金額(44% 引き)で購入できる。

注　同様に，内閣の支持率が 50% から 40% になったときに，10% の低下というのは誤りである。% 同士の比較にはパーセントポイント(単にポイントともいう)を用い，10 ポイントの低下という。

問題 1-11　次の問に答えなさい。

(1) ある製品 3 000 個中に 12 個の不良品が含まれていた。この不良品の割合は，何% か。

(2) 2 割引きの商品をさらに 5% 引きで買った場合，もとの価格の何% になるか。

(3) 二酸化炭素濃度 0.5% と 500 ppm では，人体に危険なのはどちらか。

(4) 長さが 3 000 mm の，ある金属の線を引っ張ったところ，0.01% 伸びた。この伸びは何 mm か。

(5) 体積が 50 m³(1 m³ ＝ 1 000 L)の部屋の二酸化炭素濃度が，400 ppm だった。この部屋に二酸化炭素は何 L あるか。ただし，室内の家具の体積は考えない。

1.2　さまざまな単位

1節では，単位の基本的な考え方について学習した。ここでは，具体的に，さまざまな事象を表す単位についてみていこう。

1. 長さ

建築物は立体(3次元)だが，基になる設計図面は平面(2次元)であり，図面は縦・横の長さ(1次元)で描かれる。つまり，建物を建てるときの基準となるのは「長さ」である。

建築の図面でものの長さを示す場合，ほとんどの場合において [mm] が用いられる。図面上で単位を書かずに数値が書かれている場合には，すべて [mm] と考えてよい。建物の高さや道路の幅員などは [m] を用いることもある。(建築基準法では各部の寸法の規定に [cm] が用いられているものもある。木造住宅の現場では間・尺・寸も慣用的に用いられている。)

長さの単位 [m] に接頭辞を付けた単位間の関係は，以下のようになる。

$1\,\text{km} = 1\,000\,\text{m}$　　　　　$1\,\text{m} = 0.001\,\text{km}$

$1\,\text{m} = 100\,\text{cm} = 1\,000\,\text{mm}$　　$1\,\text{mm} = 0.1\,\text{cm} = 0.001\,\text{m}$

$1\,\text{cm} = 10\,\text{mm}$

$1\,\text{mm} = 1\,000\,\mu\text{m}$ [注1]

また，尺貫法との換算は，

$1\,間(6\,尺) = 1.82\,\text{m} = 1\,820\,\text{mm}$ [注2]

$1\,尺 = 30.3\,\text{cm} = 303\,\text{mm}$

$1\,寸 = 3.03\,\text{cm} = 30.3\,\text{mm}$

[注]1　以前は [μ] (ミクロン)と表記することもあったが，現在は [μm] (マイクロメートル)で統一している。

[注]2　SI単位との換算は $1\,間 = 1\,818\,\text{mm}$ だが，本書では $1\,820\,\text{mm}$ として扱う。尺貫法(p. 15)参照

例題 1-13

次の下線部に，当てはまる数値を書きなさい。

(1) 3.5 km = _____ m = _____ mm
(2) 0.5 m = _____ cm = _____ mm
(3) 200 mm = _____ cm = _____ m
(4) 4 間 = _____ m = _____ mm

解説 (1) 3 500, 3 500 000　(2) 50, 500　(3) 20, 0.2
(4) 7.28, 7 280

問題 1-12 次の量を，(　)内の単位で書きなさい。

(1) 2 000 mm　(m)　　　(2) 168 cm　(mm)
(3) 0.5 km　(mm)　　　(4) 0.5 間　(m)
(5) 3 尺　(mm)　　　　(6) 3.5 寸　(mm)

2. 面積

面積の単位 [m²] に接頭辞を付けた単位間の関係は，以下のようになる。

$1\,\text{mm}^2 = 1\,\text{mm} \times 1\,\text{mm} = 0.1\,\text{cm} \times 0.1\,\text{cm} = 0.01\,\text{cm}^2$

$1\,\text{mm}^2 = 1\,\text{mm} \times 1\,\text{mm} = 0.001\,\text{m} \times 0.001\,\text{m} = 0.000\,001\,\text{m}^2$

$1\,\text{cm}^2 = 1\,\text{cm} \times 1\,\text{cm} = 10\,\text{mm} \times 10\,\text{mm} = 100\,\text{mm}^2$

$1\,\text{m}^2 = 1\,\text{m} \times 1\,\text{m} = 100\,\text{cm} \times 100\,\text{cm} = 10\,000\,\text{cm}^2$

$1\,\text{m}^2 = 1\,\text{m} \times 1\,\text{m} = 1\,000\,\text{mm} \times 1\,000\,\text{mm} = 1\,000\,000\,\text{mm}^2$

$1\,\text{km}^2 = 1\,\text{km} \times 1\,\text{km} = 1\,000\,\text{m} \times 1\,000\,\text{m} = 1\,000\,000\,\text{m}^2$

$1\,\text{a}(アール) = 10\,\text{m} \times 10\,\text{m} = 100\,\text{m}^2$

$1\,\text{ha}(ヘクタール) = 100\,\text{m} \times 100\,\text{m} = 10\,000\,\text{m}^2 = 100\,\text{a}$

また，尺貫法との換算は，

$1\,坪 = 1\,間 \times 1\,間 = 1.82\,\text{m} \times 1.82\,\text{m} = 3.312\,4\,\text{m}^2$ [注] $\fallingdotseq 3.3\,\text{m}^2$

$1\,\text{m}^2 = 0.301\,89 \cdots 坪 \fallingdotseq 0.3\,坪$

[注] $1\,尺 = \frac{10}{33}\,\text{m}(1\,間 = 1.818 \cdots \text{m})$ で計算すると，$1\,坪 = 3.305\,78 \cdots \text{m}^2$，$1\,\text{m}^2 = 0.302\,5\,坪$ となるが，$1\,間 = 1.82\,\text{m}$ の建築の図面では $1\,坪 = 3.312\,4\,\text{m}^2$ で換算する。

面積は長さを2乗して求めるため，単位を換算するときの0の数の増減(小数点の位置の移動)が多い。例えば [m] と [mm] の換算だと0の数は3つ変化したが，[m²] と [mm²] の換算では0の数は3の2乗で6つ変化する。

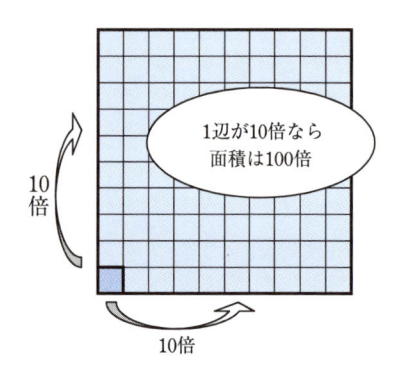

建築では，床面積や土地の面積，窓の面積，塗装面積など，ほとんどの場合 [m²] を用いる。[m²] は「平方メートル」と読むが，「平方」と「メートル」の漢字表記「米」を組み合わせ [平米] と表記されることから，「へいべい」と読まれることが多い。

断面の力学的性質を示す際には，[mm²] を用いることが多い。

図1-11
1辺が10倍なら面積は100倍
10倍
10倍

例題 1-14

次の下線部に，当てはまる数値を書きなさい。

(1) $0.2\,\text{m}^2 =$ _____ $\text{cm}^2 =$ _____ mm^2
(2) $3\,000\,000\,\text{mm}^2 =$ _____ $\text{cm}^2 =$ _____ m^2
(3) $0.05\,\text{km}^2 =$ _____ m^2
(4) $35\,坪 =$ _____ m^2
(5) $200\,\text{m}^2 = 約$ _____ 坪

解説 (1) 2 000　200 000　(2) 30 000　3　(3) 50 000
(4) 115.934　(5) 60.38

問題 1-13　次の量を(　　)内の単位で書きなさい。

(1) $500\,000\,\text{mm}^2$　　(m^2)
(2) $10\,\text{km}^2$　　(m^2)
(3) $20\,000\,000\,\text{m}^2$　　(km^2)
(4) 50 坪　　(m^2)
(5) $152.37\,\text{m}^2$　　(坪)

問題 1-14　図 1-12 のような平面形状の 2 階建ての住宅の床面積の合計は，何坪になるか。また，何 m^2 になるか。図の 1 マスは 910 mm とする。

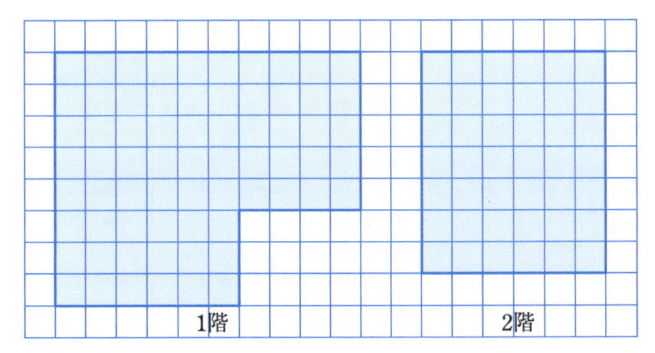

図 1-12

3. 体積

体積の単位［m^3］に接頭辞を付けた単位間の関係は，以下のようになる。

$1\,mm^3 = 1\,mm \times 1\,mm \times 1\,mm$

$1\,cm^3 = 1\,cm \times 1\,cm \times 1\,cm = 10\,mm \times 10\,mm \times 10\,mm = 1\,000\,mm^3$

$1\,m^3 = 1\,m \times 1\,m \times 1\,m = 100\,cm \times 100\,cm \times 100\,cm = 1\,000\,000\,cm^3$

$1\,m^3 = 1\,m \times 1\,m \times 1\,m = 1\,000\,mm \times 1\,000\,mm \times 1\,000\,mm$
$= 1\,000\,000\,000\,mm^3$

$1\,cm^3 = 1\,cm \times 1\,cm \times 1\,cm = 1\,cc$

（cubic centimeter の頭文字から cc と略記される）

$1\,L = 10\,cm \times 10\,cm \times 10\,cm = 1\,000\,cm^3 = 1\,000\,cc$

$1\,L = 10\,dL$（デシリットル）

$1\,m^3 = 1\,000\,000\,cm^3 = 1\,000\,L$

［L］（リットル）は SI 併用単位（→ p.38）として認められているが，［cc］は SI 併用単位ではない。

体積は長さを3乗して求めるため，単位を換算するときの0の数の増減（小数点の位置の移動）は，面積のときよりもさらに多くなる。

例えば［m］と［mm］の換算だと0の数は3つ変化するが，［m^3］と［mm^3］の換算では0の数は3の3乗で9つ変化する。

建築では，体積の単位には［m^3］を用いることが多い。［m^3］は「立方メートル」と読むが，「立方」と「メートル」の漢字表記「米」を組み合わせ［立米］と表記されることもあることから，「りゅうべい」と読まれることもある。

例題 1-15

次の下線部に，当てはまる数値を書きなさい。

(1) $0.2\,m^3 =$ ＿＿＿＿ $cm^3 =$ ＿＿＿＿ mm^3

(2) $3\,000\,000\,mm^3 =$ ＿＿＿＿ $cm^3 =$ ＿＿＿＿ m^3

(3) $100\,L =$ ＿＿＿＿ m^3 (4) $400\,cm^3 =$ ＿＿＿＿ L

解説 (1) 200 000　200 000 000　(2) 3 000　0.003　(3) 0.1
　　　　(4) 0.4

問題 1-15 次の量を，(　　　)内の単位で書きなさい。

(1) 500 000 000 000 mm^3　　　　(m^3)

(2) 0.003 m^3　　　　　　　　　　(cm^3)

(3) 10 m^3　　　　　　　　　　　(L)

(4) 20 L　　　　　　　　　　　　(mm^3)

問題 1-16 内法寸法が縦 3 m・横 4 m で，高さが 2 400 mm の部屋がある。この部屋の体積は何 m^3 になるか。また何リットルになるか求めなさい。

トピックス　なぜ日本の数字は 4 桁区切り？

　1234567890 という 10 桁の数字があった場合，日本語では一・十・百・千を一まとまりにして万・億・兆・京・垓…と，4 桁ごと呼び名が変わる万進法のため，12 億 3456 万 7890 と読みます。

　これに対し，英語では one ten hundred を一まとまりにして 3 桁ごとに呼び名が変わる千進法のため，1 billion 234 millions 567 thousands 890 と読みます。

　現在，多くの国では千進法の呼称が用いられ，また SI 単位の接頭辞も 10^3 倍ごとに k(キロ)・M(メガ) となっています。そのため数字は，1 234 567 890 と 3 桁ごとに区切り，空白やカンマを用いて表します。

　立体の 1 辺の長さが 10 倍になれば体積と重さは 1 000 倍になるため，体積と重さの単位の換算を行う場合には数字は 3 桁区切りが便利です。それに対し，平面の 1 辺の長さが 10 倍になれば面積は 100 倍，1 辺の長さが 100 倍になれば面積は 10000 倍になるため，面積の単位の換算を行う場合には数字は 3 桁区切りより 4 桁区切りのほうがわかりやすいです。日本や中国では数字の読み方に万進法が使われていますが，農耕文化の発達した国では，物の重さよりも田畑の面積の方が重要で万進法が発達したのかもしれません。

4．重さ

重さの基本単位［kg］に接頭辞を付けた単位間の関係は，以下のようになる。

　　1 g＝1 000 mg
　　1 kg＝1 000 g＝1 000 000 mg
　　1 t＝1 000 kg 注

注　1 kg の 10^3 倍は SI 接頭辞で考えると 1 Mg（メガグラム）であるが，t（トン）が幅広く一般的に認知されているため，SI 併用単位として認められている。

例題 1-16

次の下線部に，当てはまる数値を書きなさい。
(1)　0.5 kg＝＿＿＿g＝＿＿＿mg
(2)　3 000 000 mg＝＿＿＿g＝＿＿＿kg
(3)　100 t＝＿＿＿kg
(4)　35 000 kg＝＿＿＿t

解説　(1) 500　500 000　(2) 3 000　3　(3) 100 000　(4) 35

問題 1-17　次の量を，（　　）内の単位で書きなさい。
(1)　500 000 000 mg　　　　（kg）
(2)　0.003 kg　　　　　　　（g）
(3)　20 t　　　　　　　　　（kg）
(4)　20 kg　　　　　　　　（mg）

問題 1-18　核爆弾の威力はTNT（トリニトロトルエン）火薬 1 t の爆発力（4.184 GJ）で表され，単位としては［t］に接頭辞をつけたキロトン（kt）やメガトン（Mt）が用いられることがある。1 Mt を［kg］に換算するといくらになるか。

5. いろいろな単位

組立単位の中には，固有の名称を持ち別の記号で用いられるものがある。表1-3 に，固有の名称を持つ組立単位の例を示す。

表1-3　固有の名称とその独自の記号をもつSI組立単位

量	単位の名称	単位記号	基本単位による表現
平面角	ラジアン	rad	$m \cdot m^{-1} = 1$
立体角	ステラジアン	sr	$m^2 \cdot m^{-2} = 1$
周波数	ヘルツ	Hz	s^{-1}
力	ニュートン	N	$m \cdot kg \cdot s^{-2}$
圧力，応力	パスカル	Pa	$m^{-1} \cdot kg \cdot s^{-2}(N/m^2)$
エネルギー，仕事，熱量	ジュール	J	$m^2 \cdot kg \cdot s^{-2}(N \cdot m)$
仕事率，工率，放射束，電力	ワット	W	$m^2 \cdot kg \cdot s^{-3}(J/s, V \cdot A)$
電位差（電圧），起電力	ボルト	V	$m^2 \cdot kg \cdot s^{-3} \cdot A^{-1}$
セルシウス温度	セルシウス度[注]	°C	K
光束	ルーメン	lm	$m^2 \cdot m^{-2} \cdot cd = cd$
照度	ルクス	lx	$m^2 \cdot m^{-4} \cdot cd = m^2 \cdot cd$

（　）内は組立単位による表現

[注]　摂氏温度ともいう。一般に組立単位は基本単位の乗除で導かれるが，セルシウス温度は，「絶対温度－273.15」と減法で定義されている。温度差を示すときには，[K]と[°C]は同じ意味となる。

また，**SI併用単位**(SI単位とともに用いることができる単位)として，表1-4の8個が定義されている。

表1-4 SI併用単位

量	単位の名称	記号	SI単位による値
時間	分	min	$1\,\text{min} = 60\,\text{s}$
	時	h	$1\,\text{h} = 60\,\text{min} = 3\,600\,\text{s}$
	日	d	$1\,\text{d} = 24\,\text{h} = 1\,440\,\text{min} = 86\,400\,\text{s}$
平面角	度	°	$1° = (\pi/180)\,\text{rad}$
	分	′	$1′ = (1/60)° = (\pi/10\,800)\,\text{rad}$
	秒	″	$1″ = (1/60)′ = (\pi/648\,000)\,\text{rad}$
体積	リットル	L, l	$1\,\text{L} = 10^{-3}\,\text{m}^3$
質量	トン	t	$1\,\text{t} = 10^3\,\text{kg}$

ここで，建築の分野でよく用いられる組立単位の例を示す。

表1-5 建築で用いる組立単位

分野	単位記号	建築分野での用い方
建築計画	m^2	面積
	m^3	体積
	m^3/h	時間当たりの体積（換気量，CO_2発生量など）
	kg/kg'	絶対湿度（乾燥空気1 kg中の水蒸気量）
	W	仕事量・熱流量など
	W/m^2	日射量
	$\text{W}/(\text{m}^2 \cdot \text{K})$	熱貫流率(温度差1℃，壁体1 m²あたりの熱貫流量) 熱伝達率(温度差1℃，壁体1 m²あたりの熱伝達量)
	$\text{W}/(\text{m} \cdot \text{K})$	熱伝導率(温度差1℃，材料厚1 mあたりの熱伝導量)
	$\text{m}^2 \cdot \text{K}/\text{W}$	熱抵抗（熱貫流率の逆数）
	lx	照度
	lm	光束
	dB	音圧レベルを表す（無次元量）
	Hz	音の周波数

建築構造・材料等	kg/m³	密度，かさ比重（[g/cm³] や [kg/L] も用いる） 単位容積重量（骨材の1 m³ あたりの重量）
	m³/m³	単位粗骨材かさ容積
	L/m³	絶対容積（コンクリート1 m³ を作るのに必要な各材料の容積，空隙を含まない）
	N	力，荷重
	N/mm²	応力度，ヤング係数，荷重（[kN/m²] を用いる）
	kN・m	モーメント
	kN/m	等分布加重
	mm³	断面係数，断面一次モーメント
	mm⁴	断面二次モーメント
	cm/m²	耐力壁の壁量

ほかに，計画の分野では

　[m²/人]（在室者1人当たり必要な面積）

　[回/h]（時間当たりの換気量を室容積に対する割合で示したもの）

積算の分野では，[円/m²]，[円/人] など，日本語を含む単位も出てくる。

第 2 章　さまざまな事象について計算する

　建築物には，
・建築物が安全であるために
・建築物の中にいる人が快適であるために
・建築物が周囲の環境に悪い影響を及ぼさないために
さまざまな基準が定められています。この基準を満たしているかを判断するには，条件に基づいて計算をする必要が出てきます。
　これらの基準については，詳しくは他の科目で学ぶことになりますが，ここでは，いくつかの事象についての計算方法・公式の利用方法などについて学習しましょう。

　計算問題を解くときには，
　① 式を立てる　または　どの公式を使うのかを判断する
　② 式の値を求める，または解く
　③ 答えを見直す
という流れで，考えていきます。
　①の過程で，式を立てるときに必要なのは数学力よりも国語力で，文章をよく読むことが大切です。また，問題文で与えられた数値を加減乗除のどの算法で計算するのかは，第 1 章で学習した単位の考え方も大切になってきます。加減は同じ単位の数値でしかできませんし，乗除は問題文中に単位があればそれがヒントになります。②の過程では，高校で学習した微分積分などは使用しません。中学校までで学習したくらいの基本的な計算がほとんどです。
　③では，「このくらいの数値で適当なのか？」と，スケール感を常に意識して答えを見直してみて下さい。

2.1 計算の前に

■寸法の測り方

　建築物において部屋の辺の長さや面積を求めるときに，壁の厚みのどこで測るかによって，長さも面積も異なってくる。

- 内法（うちのり）　　　　：壁の内側で測った寸法
　　　　　　　　　　　　（面積の場合，内側の壁面線）
- 芯々（しんしん）（心々，壁芯）：壁の中心で測った寸法
- 外法（そとのり）　　　　：壁の外側で測った寸法
　　　　　　　　　　　　（面積の場合，外側の壁面線）

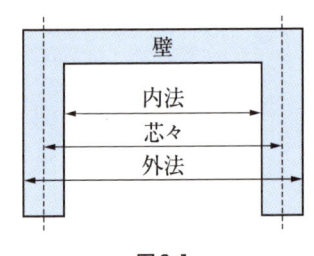

図 2-1

　建築物の面積などでは，一般的には芯々寸法を用いる。
　必要床面積など最低限の数値を示す場合や，マンションの登記時の専有面積には内法面積を用いる。ハウスメーカーの施工費では外法面積×坪単価のことが多い。

■端数の扱い方

　計算を行うと，割り切れない場合や小数点以下の桁数が多い場合が出てくる。その場合には，小数点以下・小数第何位かを，「切捨て」「切上げ」「四捨五入」する。

- 切捨て
　　（12.345 の小数点以下を切捨て→ 12，小数第 2 位を切捨て→ 12.3）

- 切上げ

    (12.345 の小数点以下を切上げ→ 13，小数第 2 位を切上げ→ 12.4)
- 四捨五入

    (12.345 の小数点以下を四捨五入→ 12，小数第 2 位を四捨五入→ 12.3)

一般的には四捨五入を用いる。法に適合しているかを求める場合には，**安全側**という考えを用いて，その数値が小さい方が安全な場合は切捨て，大きい方が安全な場合は切上げを行うことが多い。

建築物の床面積を求める場合には，各階の床面積について小数第 3 位を切捨てて小数第 2 位までを求め，それを足して延べ面積とする。例えば 1 階と 2 階の床面積が $50.005\,\mathrm{m}^2$ の場合，1 階と 2 階の床面積はともに $50.00\,\mathrm{m}^2$，延べ面積は $100.00\,\mathrm{m}^2$ となる。

(延べ面積は $50.005+50.005 = 100.010$，小数第 3 位を切捨てて 100.01　とはしない)

また計算の結果，数字の桁数が多くなった場合には，3 桁程度の有効数字を用いることがある。例えば，

　　$123\,456\,000$ → 4 桁目の数字を四捨五入して，$123\,000\,000 = 123\times10^6$

　　$0.000\,123\,456$ → 4 桁目の数字を四捨五入して，$0.000\,123 = 123\times10^{-6}$

とする。

また，数値が 3 桁程度になるように単位に接頭辞をつけて，

　　$123\,456\,\mathrm{N}$ → $123\times10^3\,\mathrm{N}$ → $123\,\mathrm{kN}$

　　$12\,345\,\mathrm{N}$ → $12.3\times10^3\,\mathrm{N}$ → $12.3\,\mathrm{kN}$

と表すこともある。

■ **計算の手順について**

　計算を行う場合には，計算式の全体を見渡して，計算をより簡単にできるような手順で計算する。特に分数で，分子に掛け算が含まれている場合には，掛け算より割り算（約分）を優先する。

　例えば，$40 \times 60^3 \div 12$ という計算の場合，

$$\frac{40 \times 60^3}{12} = \frac{8\,640\,000}{12} = 720\,000 \quad \text{とするのではなく，}$$

$$\frac{40 \times 60^3}{12} = \frac{4 \times 6 \times 6 \times 6 \times 10\,000}{12} = \frac{\overset{2}{\cancel{4}} \times \cancel{6} \times 6 \times 6 \times 10\,000}{\cancel{12}}$$

$$= 720\,000$$

としたほうが，早く，ミスも少なく計算できる。

■ **以上・以下，より大きい・より小さい，〜を超える・未満**

　法令集で数値を規定するときなどに，「以上・以下」，「より大きい・より小さい」，「〜を超える・〜未満」といった言葉がよく出てくるので，確認しておく。

a は 100 以上　　　→ $a \geq 100$　　a を含む。

a は 100 以下　　　→ $a \leq 100$　　a を含む。

a は 100 より大きい → $a > 100$　　a を含まない。

a は 100 より小さい → $a < 100$　　a を含まない。

a は 100 を超える　→ $a > 100$　　a を含まない。

a は 100 未満　　　→ $a < 100$　　a を含まない。

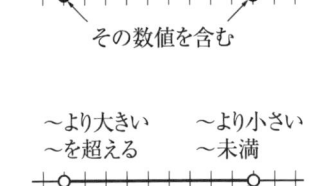

2.2 基本的な四則演算

■階段と階高，階段の長さ

建築物は2階建て以上になると，必ず階段がある。また，建物の内外にも高低差があり，階段がある。階段の高さや長さについて，計算してみよう。

例題 2-1

ある場所に，図 2-2 のような 4 段の階段がある。この階段の段差はどれも等しく，1 段の段差は 180 mm であった。このとき，上の場所と下の場所の高低差はどれだけあるだろうか。

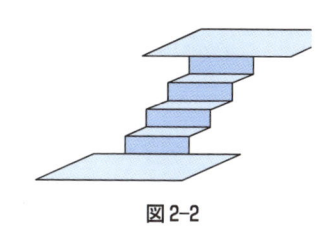

図 2-2

解説

1 段の段差が 180 mm で，4 段あるので，

$$180 \text{ mm} \times 4 = 720 \text{ mm}$$

よって，720 mm　または　72 cm　または　0.72 m

問題 2-1 ある建物で，1 階から 2 階への階段が 15 段で，1 段の高さが 200 mm であった。この建物の 1 階の階高は何 m か。

階段の一段の高さ（図 2-3 の a）のことを**蹴上げ**，幅（図 2-3 の b）のことを**踏面**と呼ぶ。

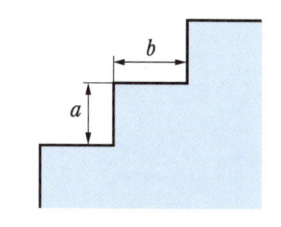

図 2-3

問題 2-2 ある建物の 1 階から 2 階へ上る階段で，1 階から階段の踊場までが 12 段，踊場から 2 階までが 11 段あった。階段の蹴上げが 150 mm のとき，この建物の 1 階の階高は何 m か。

問題 2-3 3階建ての建物で階段の段数を調べたところ，地面から2階までが26段，2階から3階までが22段，3階から屋上までが26段であった。階段の蹴上げがすべて175 mmのとき，この建物の地面から屋上までの高さを求めなさい。

問題 2-4 あなたの今いる建物で，階段の段数と蹴上げの寸法を調べてみて，
- 地面から1階までの高さ
- 各階の階高
- 地面から屋上までの高さ（または最上階の床面までの高さ）

などを計算しなさい。

　階段を上りながら段数を数えていると，最後の1段は廊下などの広い面になる。階段の長さを求める際には，廊下や踊場などの部分は含めないので，踏面の数は蹴上げの数よりも1だけ少ない数になっている（図2-4 参照）。

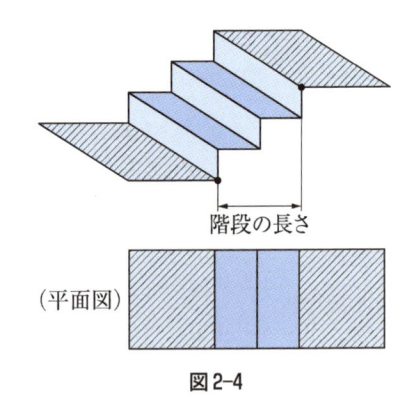

（平面図）

図 2-4

例題 2-2

　A君の家は2階建てで，階段は直階段（まっすぐな階段）で14段である。階段の寸法を測ったところ，蹴上げが210 mm，踏面が230 mmであった。このとき，階高は何mか求めなさい。また，階段の長さは何mか求めなさい。ただし，踏面の数は階段の段数よりも1だけ少なくなる。

解説

　蹴上げが210 mmで階段の段数が14段であるので，階高は，
$$210 \text{ mm} \times 14 = 2940 \text{ mm}$$
よって，2.94 m となる。

踏面は階段の段数よりも1だけ少ない数となるため，階段の長さは，
$$230 \text{ mm} \times (14-1) = 2\,990 \text{ mm}$$
よって，2.99 m となる。

[問題] 2-5　1階の階高が4.4 mの2階建ての集会場において，踏面30 cm以上・蹴上げ16 cm以下の，できるだけ短い直階段を計画する。階段の段数を求めなさい。また，途中に踏み幅120 cmの踊場を1か所設けるとき，階段の長さ(踊場の幅を含む)を求めなさい。

■人数と必要な面積

部屋は用途によって，1人あたり最低限必要な面積や，どの程度が適当か推奨されている面積などがある。人数から必要な面積，または面積から何人が使用できるかを考えてみよう。

例題 2-3

保育所の保育室では，幼児1人あたり1.98 m²以上の面積が必要とされている(1.98 m²/人)。
(1)　20人用の保育室では，床面積は何m²以上必要か。
(2)　30 m²の保育室は，何人まで使用できるか。

1人あたり
1.98m²以上

○人では何m²以上必要？

図 2–5

解説

(1) 1人あたり必要な面積に，人数をかければよい。
$$1.98 \times 20 = 39.6$$
よって，$39.6\,\text{m}^2$ 以上必要である。

(2) 床面積を，1人あたり必要な面積で割ればよい。
$$30 \div 1.98 = 15.15\cdots$$
よって，15人まで使用できる。

問題 2-6 病院の病室の床面積は，患者1人当たり，内法寸法で $6.4\,\text{m}^2$ 以上必要である。
(1) 2人用の病室では，床面積は何 m^2 以上必要か。
(2) 4人用の病室では，床面積は何 m^2 以上必要か。
(3) $20\,\text{m}^2$ の病室では，何人まで使用できるか。

問題 2-7 小学校の普通教室では，生徒1人あたり $1.5\sim2.0\,\text{m}^2$ 程度の床面積が必要である。
(1) 35人学級の教室では，床面積は何 m^2 程度必要か。
(2) $60\,\text{m}^2$ の教室では，何人程度の生徒の利用に適しているか。
(3) $50\,\text{m}^2$ の部屋を40人の生徒で利用する場合，床面積は適当か。

2.3　分数を含んだ計算

■建ぺい率

　敷地面積に対する建築物の建築面積の割合を **建ぺい率** という（→ p. 102）。建築物の建ぺい率は，定められた値以下にしなければならない。

$$建ぺい率 = \frac{建築面積}{敷地面積}$$

$$建築可能な面積 = 敷地面積 \times 建ぺい率の限度$$

　建ぺい率と，次に示す容積率は，$\frac{○}{10}$ または ○% で表される。例えば，$\frac{4}{10}$ の場合，$\frac{40}{100}$ なので 40% とも表される。法律で定められる数値は分数表記だが，実際の建物での数値を示すときには% で表すことが多い。

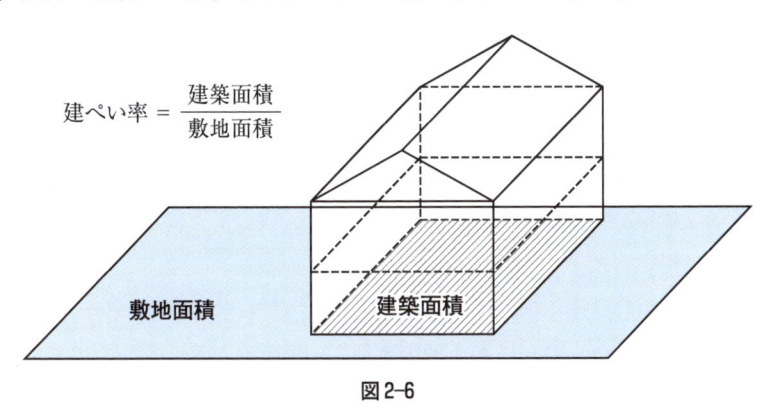

図 2-6

例題 2-4

　敷地面積が 300 m² で，建ぺい率の限度が $\frac{6}{10}$ のとき，以下の問に答えなさい。

(1)　建築可能な面積を求めなさい。
(2)　建築面積が 200 m² の建物は，建築が可能か。
(3)　建築面積が 126 m² のときの建ぺい率をパーセントで求めなさい。

解説

(1)　$300 \times \frac{6}{10} = 180$　よって，180 m² まで建築可能である。

(2) (1)より,建築可能な面積は 180 m²。
200 m² > 180 m² なので,建築可能ではない。

(3) $\dfrac{126}{300} = \dfrac{42}{100}$　　よって,42%

[問題] 2-8　敷地面積が 200 m² で,建ぺい率の限度が $\dfrac{8}{10}$ のとき,以下の問に答えなさい。
(1) 建築可能な面積を求めなさい。
(2) 建築面積が 150 m² の建物は,建築が可能か。
(3) 建築面積が 120 m² のときの建ぺい率をパーセントで求めなさい。

■容積率

敷地面積に対する建築物の延べ面積の割合を **容積率** という(→ p.103)。建築物の容積率は,定められた値以下にしなければならない。

$$容積率 = \dfrac{延べ面積}{敷地面積}$$

$$延べ面積の限度 = 敷地面積 × 容積率の限度$$

容積率には指定容積率と道路容積率とがあり,次のように定められている。

　　　指定容積率:法律で値が定められている
　　　道路容積率:前面道路の幅員 [m]×定数($\dfrac{4}{10}$ または $\dfrac{6}{10}$)[注]

この厳しい方(小さい方)がその土地の容積率の限度となる。

[注] 前面道路幅員が 12 m 以下の場合の容積率である。

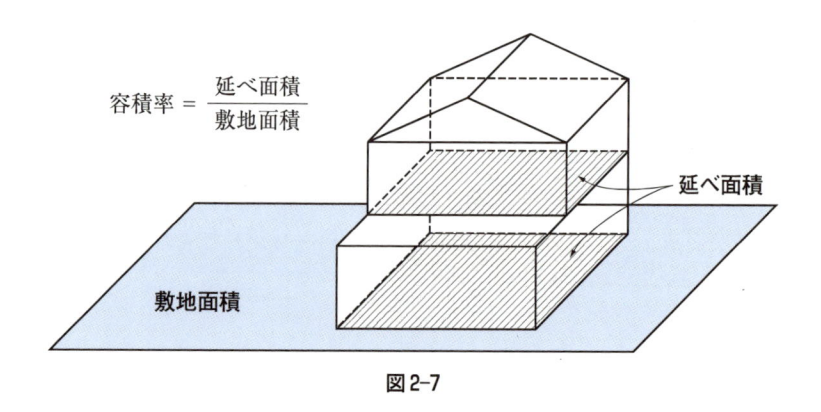

図 2-7

例題 2-5

敷地面積が 250 m² の土地があり，前面道路の幅員は 6 m である。指定容積率が $\frac{20}{10}$，道路容積率の定数が $\frac{4}{10}$ のとき，次の問に答えなさい。

(1) この土地の道路容積率を求めなさい。
(2) この土地の容積率の限度を求めなさい。
(3) この土地に建てられる延べ面積の最高限度を求めなさい。
(4) 延べ面積が 280 m² のとき，この建築物の容積率をパーセントで求めなさい。

解説

(1) 道路容積率は，$6 \times \frac{4}{10} = \frac{24}{10} \left(= \frac{240}{100} \right)$　よって，$\frac{24}{10}$ (240%)

(2) $\frac{24}{10} > \frac{20}{10}$ で，厳しい方がその土地の容積率の限度となるので，$\frac{20}{10}$ (200%)

(3) $250 \times \frac{20}{10} = 500$ m²　よって，延べ面積の最高限度は 500 m²

(4) $\frac{280}{250} = 1.12$　　よって，112%

問題 2-9

敷地面積が 150 m² の土地があり，前面道路の幅員は 4 m である。指定容積率が $\frac{20}{10}$，道路容積率の定数が $\frac{4}{10}$ のとき，次の問に答えなさい。

(1) この土地の道路容積率を求めなさい。
(2) この土地の容積率の限度を求めなさい。
(3) 延べ面積の最高限度を求めなさい。
(4) 延べ面積が 96 m² のとき，この建築物の容積率をパーセントで求めなさい。

■柱の小径

　建築物の柱は，柱にかかる力の大きさなどに応じて，必要な太さがなくてはならない。木造建築物の柱の小径は，横架材間距離(土台・胴差・桁間の内法寸法の最大値)に係数を掛けた数値以上でなければならなく，係数は，建物の用途・階・屋根の重さなどによって定められている。

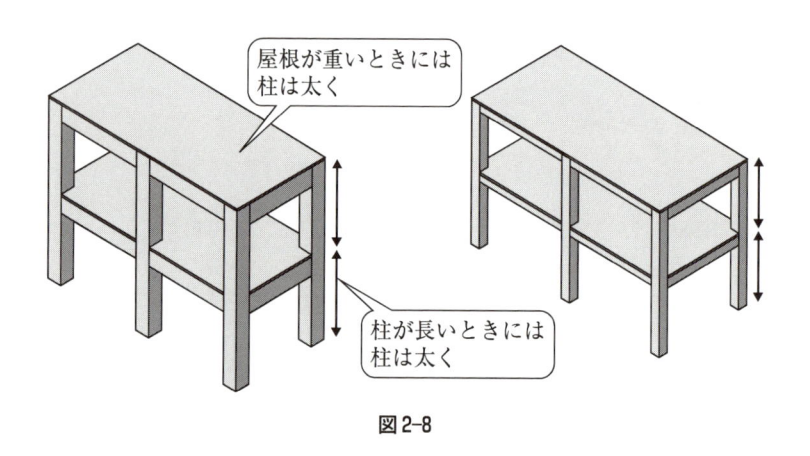

屋根が重いときには柱は太く

柱が長いときには柱は太く

図2-8

例題 2-6

　重い材料で屋根を葺いた木造2階建ての住宅において，柱の小径は，横架材間距離に2階では $\frac{1}{30}$・1階では $\frac{1}{28}$ を掛けた数値以上でなければならない。横架材間距離が2階は2.9 m，1階は3.2 mである場合，柱の小径の最小値はそれぞれ何mmか。

解説

$$2\text{階は，}2\,900\,\text{mm} \times \frac{1}{30} = 96.6\cdots\text{mm}$$

$$1\text{階は，}3\,200\,\text{mm} \times \frac{1}{28} = 114.2\cdots\text{mm}$$

最小値はこのようになるが，一般に0.5寸(→ p.12 尺貫法)刻みの柱材が多く流通しているので，1階には4寸(120 mm)角，2階には3.5寸(105 mm)角のものを使用する。

問題 2-10　軽い材料で屋根を葺いた木造2階建ての物品販売業を営む店舗において，柱の小径は，横架材間距離に対して2階は $\frac{1}{30}$，1階は $\frac{1}{25}$ 以上としなければならない。横架材間距離が2階は 3.1 m，1階は 3.2 m である場合，柱の小径の必要寸法を満たす最小の数値の組み合わせは，次のうちどれか。

	1階の柱の小径	2階の柱の小径
①	120 mm	105 mm
②	120 mm	120 mm
③	135 mm	105 mm
④	135 mm	120 mm
⑤	135 mm	135 mm

2.4 比の計算

2つ以上の数の関係を表したものを，**比**という。

　　数 x, y の関係については $x:y$

　　数 x, y, z の関係については $x:y:z$

と表す。比には，ある定数を掛けても関係は変わらず，

$$x:y = ax:ay \qquad x:y:z = ax:ay:az$$

が成り立つ。

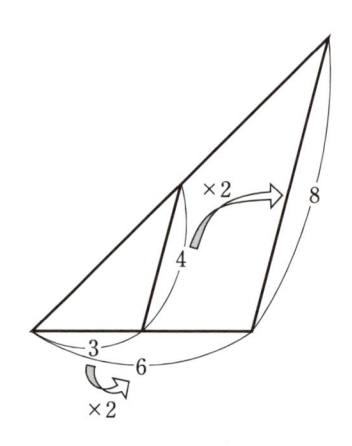

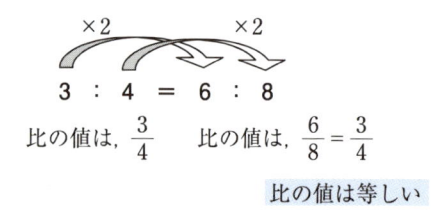

$$3:4 = 6:8$$

比の値は，$\dfrac{3}{4}$　　比の値は，$\dfrac{6}{8} = \dfrac{3}{4}$

比の値は等しい

$$3:4 = 6:8$$

内項 → $4 \times 6 = 24$

外項 → $3 \times 8 = 24$

内項の積と外項の積は等しい

図 2-9

2数の比 $x:y$ において，$\dfrac{x}{y}$ を**比の値**といい，単位の章で学習した割合と同様に，ある量に対する比率を表す。

図面において**縮尺**を示す場合には，例えば100分の1の図面の場合には「1:100」と比の形で表したり，「$\dfrac{1}{100}$」または「1/100」と比の値の形で表したりする。

問題 2-11　☐ にあてはまる数値を入れなさい。

(1) $4:5 = 12:□$ 　　(2) $2:3 = □:12$

(3) $3:4:5 = □:8:□$ 　　(4) $1:1:\sqrt{2} = 2:□:□$

(5) $1:□:□ = 2:4:2\sqrt{3}$ 　　(6) $\dfrac{4}{8} = \dfrac{1}{□}$

(7) $\dfrac{3}{10} = \dfrac{□}{20}$ 　　(8) $\dfrac{4}{9} = \dfrac{24}{□}$

■勾配を示す分数

建築において斜面の勾配を示すときには，度ではなく，分数の形[注] で比の値を表す。比の値をどのような形で表すかは，勾配の箇所によって異なってくる。

[注] 直角三角形の，直角をはさむ2辺の比を分数で表すので，三角関数の tan（タンジェント）である（→ p.91）。

・屋根

「$\dfrac{○}{10}$」や「$\dfrac{○}{100}$」を用い，桁の長さに対して高さがいくつかを表す。

住宅の屋根なら $\dfrac{3.5}{10}$ や $\dfrac{4}{10}$，鉄筋コンクリートの建物の陸屋根なら $\dfrac{2}{100}$ など。

分子の数が大きいほど，急な勾配を表す。木造住宅では，桁の長さ 1 尺（10 寸）に対して何寸の高さになるかで表し，$\dfrac{4}{10}$ 勾配の場合「4 寸勾配」ともいう。

図 2–10

- スロープ・斜路

    「$\frac{1}{○}$」を用い，高低差に対してどれだけの長さが必要かを表す。例えば $\frac{1}{8}$，$\frac{1}{12}$ など。

    分母の数が大きいほど，緩やかな勾配を表す。自動車用の斜路や上り坂・下り坂の道などでは，分子の大小で勾配を判断できる方がわかりやすいので，$\frac{1}{12} ≒ \frac{8}{100}$ と分母を 100 にして，8% 勾配と表現することもある。

- 階段

    踏面に対する蹴上げの寸法で示す。踏面 15 cm 蹴上げ 23 cm なら，$\frac{23}{15}$ など。

例題 2-7

屋内の 300 mm の段差を車椅子で超えられるように，$\frac{1}{12}$ の勾配のスロープを作りたい。スロープの長さは何 m になるか。

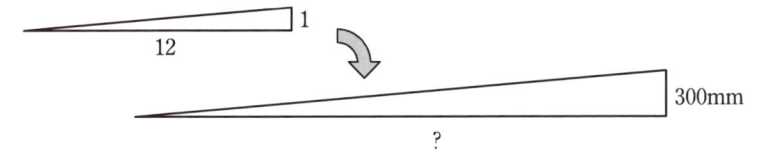

解説

$\frac{1}{12} = \frac{300}{3600}$　よって，スロープの長さは 3.6 m になる。

問題 2-12　地盤面から地下駐車場までの高低差が 5 m ある場所で，$\frac{1}{8}$ の勾配で自動車用の斜路を計画する場合，斜路の長さは何 m になるか。

例題 2-8

集会場において，スロープを計画する。以下の問に答えなさい。ただし，高低差が 75 cm を超える場合，踏み幅 1.5 m 以上の踊場が必要となる。

(1) 建物外の 50 cm の高低差がある場所で，勾配 $\frac{1}{20}$ のスロープを計画する。スロープの長さは何 m 必要か。

(2) 建物内の 1 m の段差がある場所で，勾配 $\frac{1}{12}$ のスロープを計画する。スロープの長さは何 m 必要か。

(3) 建物内で，勾配 $\frac{1}{12}$ のスロープを計画する。スロープの長さが 5.4 m で踊場がないとき，何 cm の段差まで超えることができるか。

解説

(1) 高低差が 75 cm 以下なので，踊場は必要ない。

$$\frac{1}{20} = \frac{50\,\text{cm}}{1\,000\,\text{cm}} = \frac{0.5\,\text{m}}{10\,\text{m}}$$

よって，10 m のスロープが必要。

(2) 高低差が 75 cm を超えるので，踊場が必要になる。

$$\frac{1}{12} = \frac{1\,\text{m}}{12\,\text{m}}$$

スロープ部分が 12 m でそれに踊場の長さを加えて，

$$12\,\text{m} + 1.5\,\text{m} = 13.5\,\text{m}$$

よって，合計で 13.5 m のスロープが必要。

(3) $\frac{1}{12} = \frac{45\,\text{cm}}{540\,\text{cm}}$

よって，45 cm の段差まで超えられる。

問題 2-13 次の勾配の中で，最も緩やかなものと最も急なものはどれか。

(1) $\frac{16}{100}$ の勾配

(2) 15% の勾配

(3) $\frac{1}{6}$ の勾配

(4) 2 寸勾配 ($\frac{2}{10}$ 勾配)

2.5 公式に代入して値を求める

あるものの計算の方法や法則，2つ以上の数の間に成り立つ関係などを，文字・記号を用いて表した式のことを，**公式**という。

例えば，円の面積の公式は，「半径×半径×円周率」であるが，面積を S，半径を r，円周率を π とすると，
$$S = \pi r^2$$
と表される。

半径が 8 m の円の面積を求める場合には，$r = 8$，$\pi = 3.14$ を代入し
$$S = \pi r^2 = 3.14 \times 8^2 = 200.96$$
となり，面積が求まる。

このように，公式で表すことによってさまざまな事柄を簡潔に示すことができる。また，実際の数値が与えられたときには代入して簡単に答えを求めることができる。

建築の分野でも，多様な公式が出てくる。ここでは，公式を与えられたときの代入と計算について練習する。難しそうに見える公式もあるが，計算自体は単純なものが多いので，計算ミスをしないように気をつけながら解いてほしい。

■採光

例題 2-9

採光面積を求める際の「採光補正係数」が $\frac{d}{h} \times 6 - 1.4$ で求められる場合に，h が 2.5 m，d が 1.2 m のときの採光補正係数の値を求めなさい。

解説

公式に，$h = 2.5$，$d = 1.2$ を代入して，
$$\frac{1.2}{2.5} \times 6 - 1.4 = 0.48 \times 6 - 1.4 = 2.88 - 1.4 = 1.48$$

問題 2-14　採光面積を求める際の「採光補正係数」が $\frac{d}{h} \times 10 - 1.0$ で求められる場合に，h が 5.0 m，d が 1.2 m のときの採光補正係数の値を求めなさい。

■断面の性質

図 2-11 の A と B は，同じ断面の形の部材である。A と B に同じ荷重を加えた場合に，強さは同じだろうか？

原理はわからなくても，感覚的に，A の方が曲がりやすく折れやすいということを知っているだろう。これを数値で表す場合に，「断面二次モーメント」や「断面係数」という指標がある。部材の幅を b，高さを h とすると，

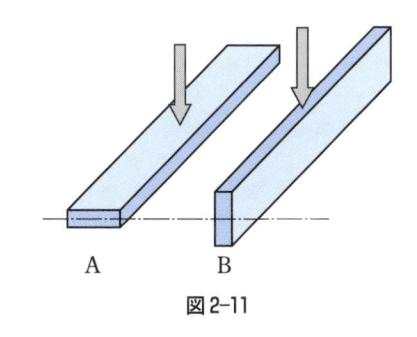

図 2-11

断面二次モーメント $I = \frac{bh^3}{12}$ [mm^4]，断面係数 $Z = \frac{bh^2}{6}$ [mm^3]

で求められる。

例題 2-10

図 2-12 において，x 軸に関する断面係数 Z_x [mm^3] を求めなさい（$b = 120$ mm, $h = 270$ mm）。

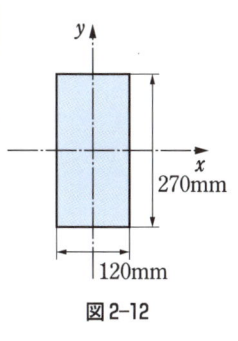

解説

公式に，$b = 120$，$h = 270$ を代入して，

$$Z_x = \frac{120 \times 270^2}{6}$$

$$= \frac{12 \times 27 \times 27 \times 10^3}{6}$$

$$= 1\,458\,000 \text{ mm}^3$$

図 2-12

注　掛け算をしてから割り算をするのではなく，約分してから掛け算をすること。

問題 2-15　y 軸に関する断面係数は，$\dfrac{hb^2}{6}$ で求められる。例題 2-10 において，y 軸に関する断面係数 Z_y [mm³] を求めなさい（$b = 120$ mm，$h = 270$ mm）。

例題 2-11

　図 2-13 において，x 軸に関する断面二次モーメント I_x [mm⁴] を求めなさい（$b = 4a$ mm，$h = 6a$ mm）。

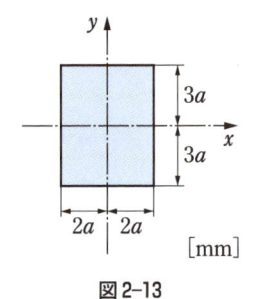

図 2-13

解説

公式に，$b = 4a$，$h = 6a$ を代入して，

$$I_x = \dfrac{4a \times (6a)^3}{12}$$

$$= \dfrac{4 \times 6 \times 6 \times 6 \times a^4}{12}$$

$$= 72a^4 \ [\text{mm}^4]$$

問題 2-16　y 軸に関する断面二次モーメントは，$\dfrac{hb^3}{12}$ で求められる。例題 2-11 において，y 軸に関する断面二次モーメント I_y [mm⁴] を求めなさい。

2.6 比例・反比例の関係

例題 2-12

ある作業を，4人ですると6時間かかる。このとき，以下の問に答えなさい。

(1) この作業を3人ですると何時間かかるか。
(2) この作業を4時間で終わらせるには何人必要か。
(3) この作業をする人数とかかる時間の間には，どのような関係があるか。

解説 (1) 8時間　　(2) 6人　　(3) 反比例の関係

例題 2-12 の作業人数と作業時間の関係は，長方形の面積が一定のときの，縦と横の長さと同じ関係である。

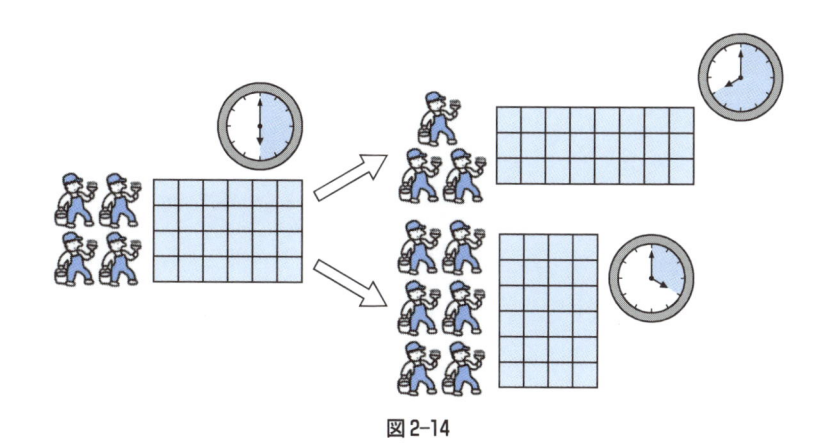

図 2-14

2つの量について関係を表したとき，
$$y = ax$$
のように，ある量(y)が別の量(x)の定数倍(a倍)になっているときに，yはxに **比例する** という。この場合，xが2倍になるとyは2倍に，xが$\frac{1}{3}$倍に

なると y は $\frac{1}{3}$ 倍になる。

また，2つの量について関係を表したとき，

$$y = \frac{a}{x}$$

のように，ある量(y)が別の量の逆数($\frac{1}{x}$)の定数倍(a倍)になっているときに，y は x に **反比例する** という。この場合，x が2倍になると y は $\frac{1}{2}$ 倍に，x が $\frac{1}{3}$ 倍になると y は3倍になる。

例題2-13

点光源によるある点での直接照度(明るさ)は，光源の光度に比例し，点光源からの距離の2乗に反比例する。図2-15のように光源からの距離が2倍になると照射面積が4倍になるので，明るさは $\frac{1}{4}$ になる。

次の場合，照度はどのように変化するか。

(1) 同じ照明を3つ用いる。
 (光度が3倍になる)
(2) 照明までの距離を3倍にする。
(3) 同じ照明を3つ用い，照明までの距離を2倍にする。
(4) 照明までの距離を半分にする。

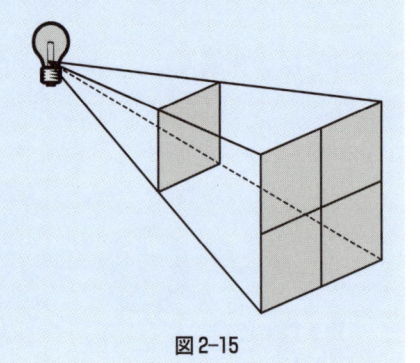

図2-15

解説

(1) 照度は光度に比例する。

光度が3倍 ⇒ 照度は3倍

(2) 照度は距離の2乗に反比例する。

距離が3倍 ⇒ 照度は $\frac{1}{3^2} = \frac{1}{9}$ 9分の1倍

(3) 光度が3倍・距離が2倍 ⇒ $\frac{3}{2^2} = \frac{3}{4}$ 4分の3倍

(4) 距離が $\frac{1}{2}$ 倍 ⇒ 照度は $\frac{1}{\left(\frac{1}{2}\right)^2} = \frac{1}{\frac{1}{4}} = 4$ 4倍

問題 2-17　もとの照度に比べて，次の場合の照度はどのように変化するか。また，最も明るいのはどの場合か。

(1) 光度が2倍になり，距離が2倍になった場合
(2) 光度が1.5倍($\frac{3}{2}$倍)になった場合
(3) 光度が半分になり，距離が半分になった場合

補充問題

■換気量

部屋に人がいると呼吸によって二酸化炭素が減少するため,換気が必要となる。換気量は,1時間あたり部屋の空気がどの程度入れ替わるかを示す「換気回数」で表し,

　　換気回数 [回/h] ＝ 時間あたりの換気量 [m³/h] ÷ 部屋の体積 [m³]

で求める。

> **例題1**
>
> 体積が $24\,m^3$ の部屋に2人在室しているとき,どの程度の換気が必要か,換気回数で求めなさい。ただし,成人1人あたり $30\,m^3/h$ の換気が必要であるとする。

解説

$30 \times 2 = 60$　　　　より,2人で1時間あたり $60\,m^3$ の換気が必要となる。
$60 \div 24 = 2.5$ 回/h　となり,換気回数 2.5 回/h の換気が必要である。

問題1 次の問に答えなさい。

(1) 体積が $120\,m^3$ の部屋で 2.5 回/h の換気を行うと,換気量は1時間あたり何 m^3 になるか。

(2) 体積が $75\,m^3$ の部屋で1時間あたり $210\,m^3$ の換気を行うと,換気回数は何回/h か。

(3) 体積が $20\,m^3$ の部屋で $45\,m^3/h$ の換気を行う場合と,体積が $120\,m^3$ の部屋で $250\,m^3/h$ の換気を行う場合では,どちらの換気量が多いか。

(4) 体積が $50\,m^3$ の部屋に3人在室しているとき,どの程度の換気が必要か,換気回数で求めなさい。ただし,成人1人あたり $30\,m^3/h$ の換気が必要であるとする。

> **例題2**
>
> 次の条件の部屋において,以下の問に答えなさい。

条件・室容積：80 m³　・在室者数：6人
　　・1人あたりの呼吸による二酸化炭素発生量　：0.02 m³/h
　　・室内の二酸化炭素の許容濃度　　　　　　　：0.1%
　　・外気の二酸化炭素の濃度　　　　　　　　　：0.04%

(1) 室内における，1時間あたりの二酸化炭素の発生量を求めなさい。
(2) 室内の二酸化炭素の許容濃度は，空気1 m³ あたり何 m³ になるか。
(3) 外気の二酸化炭素の濃度は，空気1 m³ あたり何 m³ になるか。
(4) 必要換気量は，「二酸化炭素の発生量÷(許容濃度−外気濃度)」で求められる。必要換気量 [m³/h] を求めなさい。
(5) 必要な換気回数を求めなさい。

解説

(1) $0.02 \times 6 = 0.12$ m³/h

(2) $0.1\% = 0.001$　　よって，0.001 m³/m³

(3) $0.04\% = 0.0004$　　よって，0.0004 m³/m³

(4) 必要換気量 $= \dfrac{0.12}{0.001 - 0.0004} = \dfrac{1\,200}{10 - 4} = \dfrac{1\,200}{6} = 200$ m³/h

(5) 換気回数 $= \dfrac{換気量}{室容積} = \dfrac{200}{80} = 2.5$　　2.5 回/h

問題2 次の条件の部屋において，以下の問に答えなさい。

条件・室容積：125 m³　・在室者数：9人
　　・1人あたりの呼吸による二酸化炭素発生量　：0.02 m³/h
　　・室内の二酸化炭素の許容濃度　　　　　　　：0.1%
　　・外気の二酸化炭素の濃度　　　　　　　　　：0.04%

(1) 室内における，1時間あたりの二酸化炭素の発生量を求めなさい。
(2) 室内の二酸化炭素の許容濃度は，空気1 m³ あたり何 m³ になるか。
(3) 外気の二酸化炭素の濃度は，空気1 m³ あたり何 m³ になるか。
(4) 必要換気量 [m³/h] を求めなさい。
(5) 必要な換気回数を求めなさい。

■**熱損失**

建物内で快適に過ごすためには，夏は涼しく冬は暖かくしたいが，熱は壁体を伝わって，また換気によって逃げてしまう。何によってどの程度熱が逃げるのか，計算してみよう。

例題3

次の条件の部屋において，以下の問に答えなさい。

条件・外壁(窓を除く)の面積　　　：30 m²
　　・窓の面積　　　　　　　　　：10 m²
　　・室内空気の温度　　　　　　：15℃
　　・外気の温度　　　　　　　　：－5℃
　　・外壁(窓を除く)の熱貫流率：1.0 W/(m²·K)
　　・窓の熱貫流率　　　　　　　：3.0 W/(m²·K)

(1) 室内空気と外気の温度差を求めなさい。
(2) 熱貫流量は，「熱貫流率×内外温度差×面積」で求められる。外壁部分での熱貫流量を求めなさい。
(3) 窓部分での熱貫流量を求めなさい。
(4) 室全体での熱損失を求めなさい。
(5) 壁と窓では，どちらの方が熱が逃げやすいか。また，熱損失を少なくするには，窓の面積をどのようにするとよいか。

解説

(1) 内外温度差 $= 15 - (-5) = 20$ K
(2) 外壁の熱貫流量 $= 1.0$ W/(m²·K) $\times 30$ m² $\times 20$ K $= 600$ W
(3) 窓の熱貫流量 $= 3.0$ W/(m²·K) $\times 10$ m² $\times 20$ K $= 600$ W
(4) 全体の熱損失量 $= 600$ W $+ 600$ W $= 1\,200$ W
(5) 熱貫流率が高い窓の方が，熱が逃げやすい。熱損失を少なくするには，窓の面積を少なくするとよい。

問題 3 次の条件の部屋において，以下の問に答えなさい。

条件
- 外壁(窓を除く)の面積 ：20 m²
- 窓の面積 ：8 m²
- 室内空気の温度 ：25℃
- 外気の温度 ：0℃
- 外壁(窓を除く)の熱貫流率：1.0 W/(m²·K)
- 窓の熱貫流率 ：3.0 W/(m²·K)

(1) 室内空気と外気の温度差を求めなさい。
(2) 外壁部分での熱貫流量を求めなさい。
(3) 窓部分での熱貫流量を求めなさい。
(4) 室全体での熱損失を求めなさい。

例題 4

次の条件の容積 300 m³ の事務室において，機械換気を行う。ただし，熱交換器の使用はないものとし，室温は室内一様とする。以下の問に答えなさい。

条件
- 換気回数：2.0 回/h
- 室　　温：20℃
- 外 気 温：−5℃
- 空気の比重：1.2 kg/m³
- 空気の比熱：1.0 kJ/(kg·K)

(1) 1時間あたりの換気量 [m³/h] を求めなさい。
(2) 容積比熱 = 比重×比熱　で求められる。空気の容積比熱 [kJ/(m³·K)] を求めなさい。
(3) 内外の温度差 [K] を求めなさい。
(4) 換気による熱損失 = 換気量×空気の容積比熱×温度差　で求められる。換気による熱損失 [kJ/h] を求めなさい。
(5) 1 W·h = 3.6 kJ とする。熱損失は何 W になるか求めなさい。

解説

(1) 換気量 ＝ 室容積×換気回数 ＝ 300 m³×2 回/h ＝ 600 m³/h

(2) 空気の容積比熱 ＝ 空気の比重×空気の比熱
$$= 1.2 \text{ kg/m}^3 \times 1.0 \text{ kJ/(kg·K)} = 1.2 \text{ kJ/(m}^3\text{·K)}$$

(3) 内外温度差 ＝ 20－(－5) ＝ 25 K

(4) $Q = 600 \text{ m}^3/\text{h} \times 1.2 \text{ kJ/(m}^3\text{·K)} \times 25 \text{ K} = 18\,000 \text{ kJ/h}$

(5) 1 W·h ＝ 3.6 kJ であるので，1 W ＝ 3.6 kJ/h，1 kJ/h ＝ $\dfrac{1}{3.6}$ W

$$Q = 18\,000 \text{ kJ/h} = \dfrac{18\,000}{3.6} \text{ W} = 5\,000 \text{ W}$$

問題 4 次の条件の容積 240 m³ の事務室において，機械換気を行う。ただし，熱交換器の使用はないものとし，室温は室内一様とする。以下の問に答えなさい。

条件・換気回数：2.5 回/h

・室　　温：20℃

・外 気 温：0℃

・空気の比重：1.2 kg/m³

・空気の比熱：1.0 kJ/(kg·K)

(1) 1 時間あたりの換気量を求めなさい。

(2) 空気の容積比熱 [kJ/(m³·K)] を求めなさい。

(3) 内外の温度差 [K] を求めなさい。

(4) 換気による熱損失 [kJ/h] を求めなさい。

(5) 1 W·h ＝ 3.6 kJ とする。熱損失は何 W になるか求めなさい。

第3章　建築設計と図形

　私たちは直感だけでは図形の性質を誤って認識してしまうことがあります。建築設計では下の写真のような3Dの建築空間を扱い，想像によってその大きさを決定していくため，設計者にとって立体的な空間把握能力は必要不可欠な能力です。また，下の図のように2Dで表現した建築図面が共通のコミュニケーションツールとなるため，図形に関する知識も重要になります。ここでは，建築設計に欠かせない図形的性質の基礎を学びましょう。

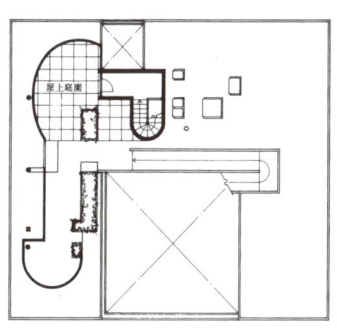

3階平面図　　　　　　　　　　　　　　外観

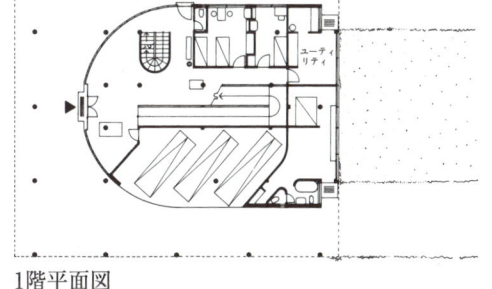

2階平面図　　　　　　1階平面図

サヴォア邸

　フランスの建築家ル・コルビュジエが設計。20世紀を代表する住宅建築の1つであり，自身が提唱した近代建築の5原則（ピロティ，屋上庭園，自由な平面，水平連続窓，自由なファサード）のすべてが実現されている。

3.1　図形と幾何学

　図形の性質を誤って判断してしまう例として，「目の錯覚」と呼ばれる現象を引き起こす図形がある。

> **例題 3-1**
> 　図 3-1 に示すように 2 本の線分にそれぞれ異なる向きの矢が付いている。これらの線分の長さの大小関係を見た目で判断した後に，実際の寸法を測って比較しなさい。

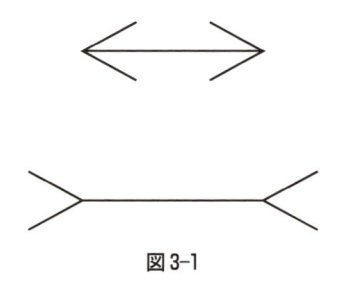

図 3-1

解説

　見た目で判断すると上の線分の方が下の線分に比べて短く見える。実際に寸法を測ると，

　　上の線分の長さ　2.5 cm
　　下の線分の長さ　2.5 cm

となり，両者は同じ寸法であることがわかる。

問題 3-1　図 3-2 に示すように 3 個の積み木が積み重ねられている。これらの積み木の大小関係を見た目で判断した後に，実際の寸法を測って比較しなさい。

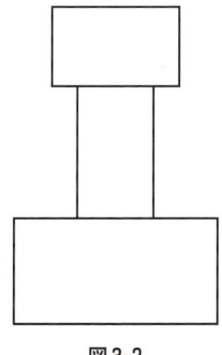

図 3-2

[問題] **3-2** 図3-3に示すように2本の滑走路がある。これらの滑走路の角度の大小関係を見た目で判断した後に，実際の角度を測って比較しなさい。

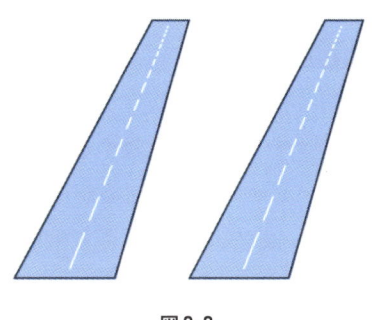

図 3-3

[問題] **3-3** 図3-4に示すように建物の壁にタイルが規則的に貼られている。これらのタイルの大きさや形，位置関係の規則性を説明しなさい。

図 3-4

3.2 直線と角度

直感だけで図形を比較すると誤った判断をしてしまう場合があり，図形の性質をしっかり理解することが重要であることがわかっただろう。ここでは2本以上の直線や角度のさまざまな関係を整理する。

例題 3-2

正方形の敷地に図 3-5 に示すように建物が配置されている。このときの角度 X を求めなさい。

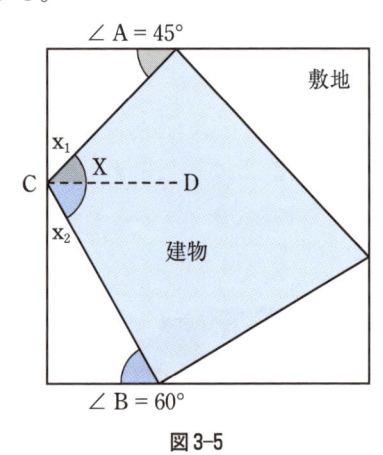

解説

2 本以上の直線と角度の間には，図 3-6 や図 3-7 に示すようなさまざまな関係がある。

C 点を通り敷地上下の辺に平行な線分 CD を引くと，角度 X は x_1 と x_2 に分かれる。それぞれ錯角の関係から，

$x_1 = \angle A = 45°$ $x_2 = \angle B = 60°$

よって，

$X = x_1 + x_2 = 105°$

図 3-5

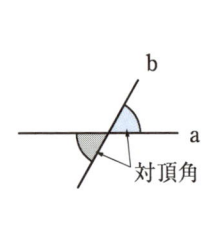

対頂角は等しい

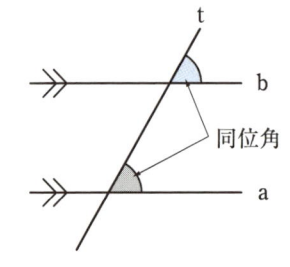

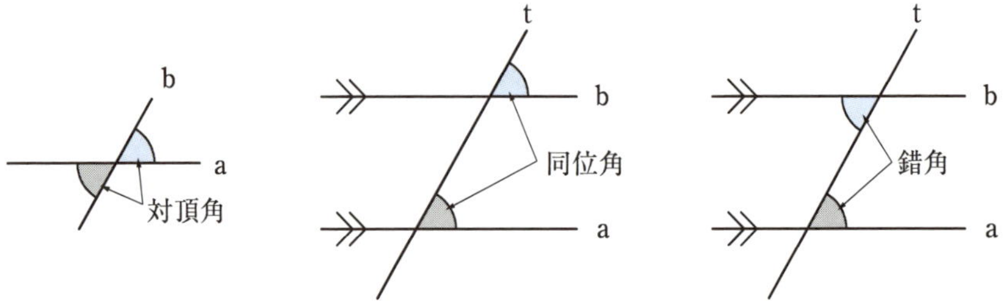

同位角は等しい

錯角は等しい

図 3-6

図 3-7

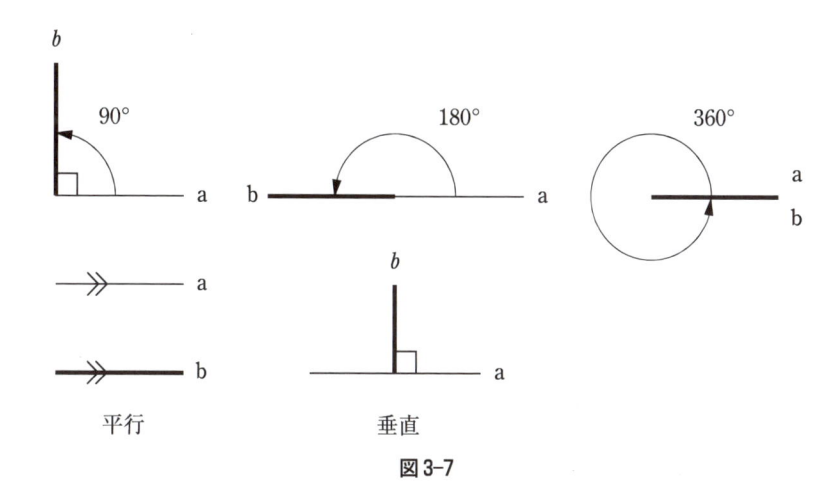

問題 **3-4** 図3-6や図3-7に示すような関係を利用して，角度Xを求めなさい。

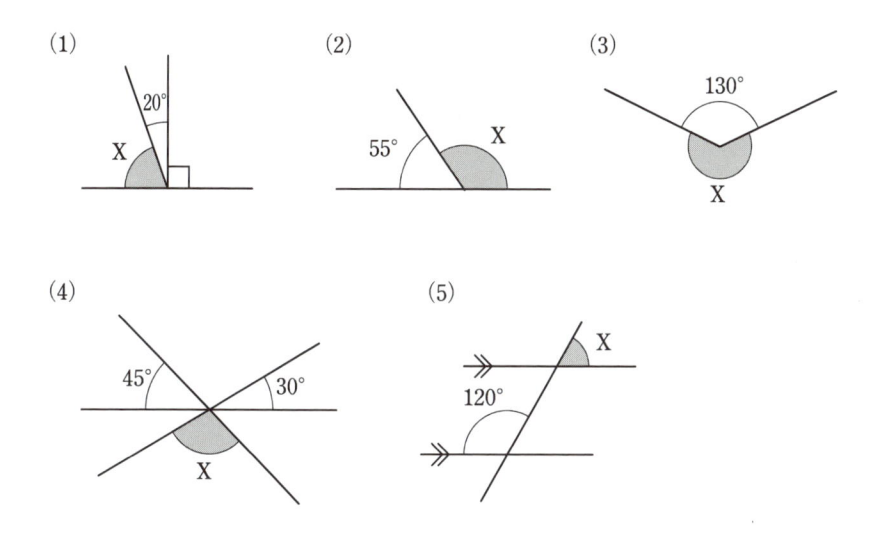

(1) (2) (3)

(4) (5)

例題 3-3

図3-8に示すような線分abを5等分にしたい。図面上の長さを計算することなく三角定規とものさしを使って分割しなさい。

解説

まず，三角定規の直角部分を利用してa点を通り線分abに垂直な直線①を引く。同様に，b点を通り線分abに垂直な直線②を引く。

次に，直線①と直線②の間が5 cm（5等分なので5の倍数）になるようにものさしを置くと，線分cdを簡単に5等分することができる。

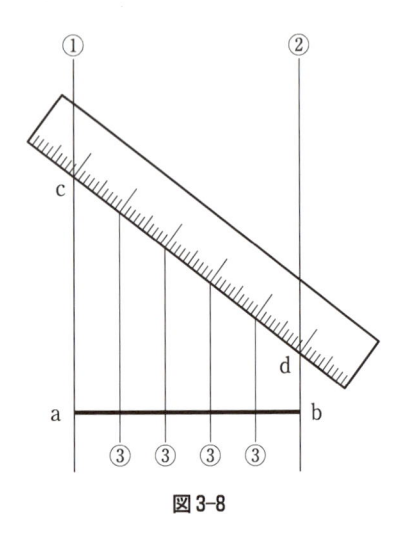

最後に，三角定規の直角部分を利用して線分cdを5等分した点から線分abに垂線③を引くと，線分abの長さを測って計算しなくても線分abを5等分することができる。

図 3-8

トピックス　定規と線の引き方

建築設計製図に用いられる定規には，図3-9に示すような平行定規や三角定規などがあります。平行定規は上下に移動させて水平線を引くのと同時に，三

平行定規　　　　　三角定規

図 3-9

角定規などと組み合わせて垂直や任意の角度の平行線を引くために使われます。三角定規は図3-9のように2枚1組で売られており，大きさはさまざまですが，形は鋭角がそれぞれ45°，60°(30°)の直角三角形です。

　水平線は平行定規を用いて左から右へ，上の線から順に線を引きます。垂直線や傾斜線などは平行定規に三角定規をあてて図3-10のような方向に引きます。長い線を引く場合は，手先だけでなく体を移動しながら上半身直下で一様な力をかけて引き，重ね引きや返し引きなどをしないで始めから終わりまで一気に引くと美しい線を引くことができます。

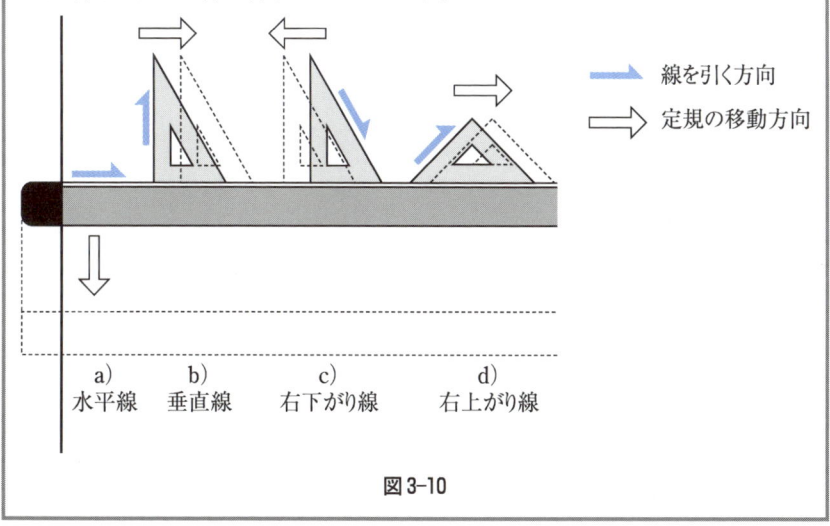

a) 水平線　b) 垂直線　c) 右下がり線　d) 右上がり線

図3-10

問題 3-5　図3-11に示すような線分abについてac：cb＝1：2となる点cを求めたい。長さを計算することなく三角定規とものさしを使って求めなさい。

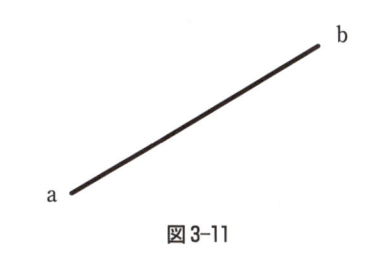

図3-11

3.2　直線と角度

|問題| **3-6** 図3-12に示す大きさの障子戸を雪見障子(上が障子で下がガラスの障子戸)にしたい。障子部分とガラス部分の比を3：2として，障子部分は縦8マス，横4マスとなるように桟を割り当てなさい。

桟は線で表現してよく，長さを計算することなく三角定規とものさしを使って求めなさい。

図3-12

3.3 形状の美しさ

　図 3-13 は正三角形であり，線対称の図形である．図 3-14 は正方形であり，線対称の図形である上に点対称の図形でもある．このように，すべての辺の長さが等しく，かつすべての内角の大きさが等しい多角形のことを**正多角形**という．正多角形は線対称の図形であり，正偶数角形は点対称の図形でもあるため，非常に均整が取れているという意味で美しい形状ということができる．

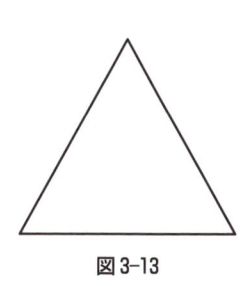

図 3-13　　　　　　　　　図 3-14

例題 3-4

　図 3-15 は左から順に正五角形，正六角形，正十角形であり，すべて一番右の図の円に内接する．正五角形，正六角形，正十角形それぞれの周の長さと円の直径の長さを測り，その比を計算して比較しなさい．

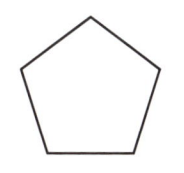

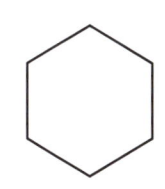

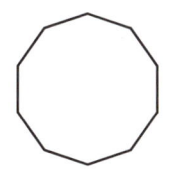

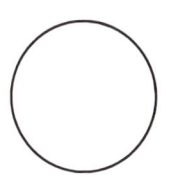

図 3-15

解説

　正多角形は角（辺）の数が増えると徐々に円に近づく．それぞれについて
$$（正多角形の周の長さ）÷（円の直径）$$
の値を計算すると，

正五角形：$(1.18\,\text{cm}\times5)\div2\,\text{cm}=2.95$

正六角形：$(1\,\text{cm}\times6)\div2\,\text{cm}=3$

正十角形：$(0.62\,\text{cm}\times10)\div2\,\text{cm}=3.1$

徐々に**円周率** $\pi(\fallingdotseq 3.14)$ に近づいていくことがわかる。

問題 **3-7** 図 3-16 は机の上に置いた正多面体を真上から見たようすである。a〜c それぞれの正多面体について面の数を求めなさい。

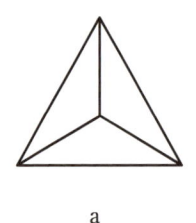

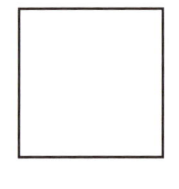

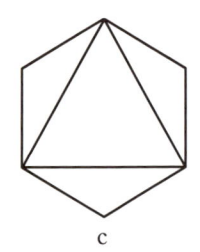

a　　　　b　　　　c

図 3-16

例題 3-5

図 3-17 は，フランスのパリにあるノートルダム大聖堂の立面図である。色線部の縦と横の寸法を実際に測って，その比を求めなさい。

解説

実際に長さを測ると，

縦：2.0 cm

横：3.2 cm

よって，長さの比は，

$3.2\,\text{cm}\div2.0\,\text{cm}=1.6$

であり，**黄金比**(1.618)が用いられていることがわかる。

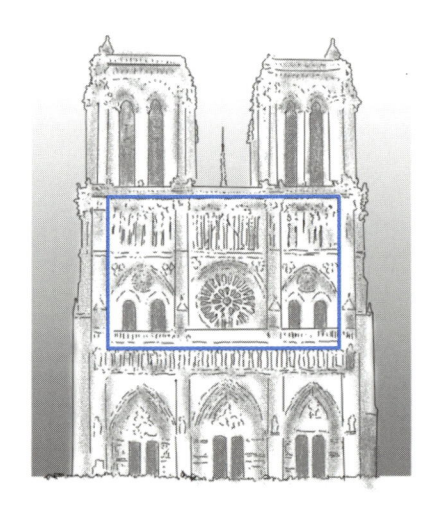

図 3-17

| トピックス | 黄金比 |

建築物に限らず身の回りには長方形のものが多く存在します。その中で最も安定した美感を与えるのが，図3-18に示すような縦と横の2辺の比が黄金比になる黄金四角形であるといわれています。この黄金四角形は古くから建築物の形態や芸術作品に広く採用されています。

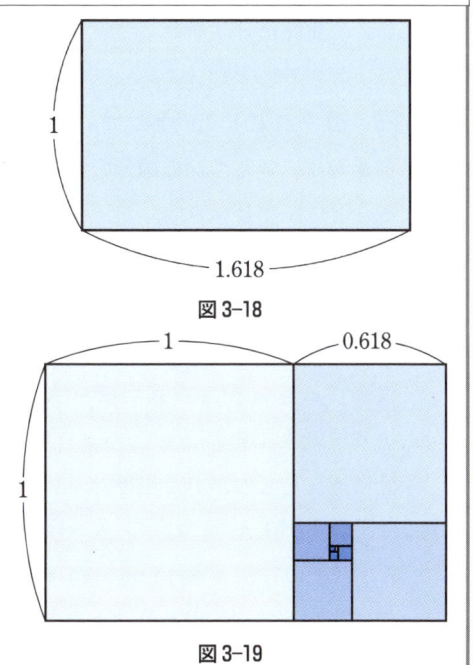

図 3-18

黄金四角形には不思議な性質があり，図3-19に示すように黄金四角形の短辺を一辺とする正方形を作ると，残った四角形がまた黄金四角形になります。こうして同様の作業を繰り返していくと永遠に同じ形状の四角形が残り，最初の四角形は無限個の正方形で埋め尽くされていきます。

図 3-19

次に，図3-20に示すように黄金四角形の中に作られた正方形の角の点を滑らかにつないでいくと螺旋の渦ができます。この螺旋は巻貝の貝殻に表れている螺旋とほぼ一致します。

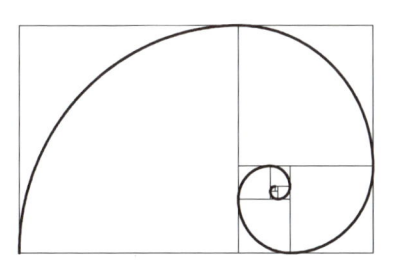

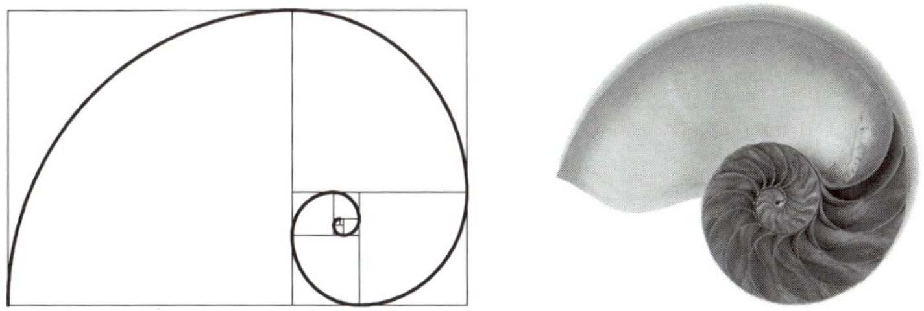

図 3-20

注　黄金比を正確に表すと次のようになる。

$$\frac{-1+\sqrt{5}}{2} : 1 = 1 : \frac{1+\sqrt{5}}{2} = \frac{1+\sqrt{5}}{2} : \frac{3+\sqrt{5}}{2} \fallingdotseq 0.618 : 1 \fallingdotseq 1 : 1.618$$

3.3 形状の美しさ

問題 3-8 身の回りにあるものとして，名刺やiPodに黄金四角形が採用されている。実際に寸法を測って調べなさい。

問題 3-9 図3-21の正五角形にすべての対角線を書き入れ，いくつかの線分の比が黄金比になることを確認しなさい。

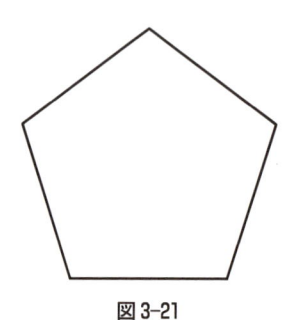

図3-21

問題 3-10 図3-22はJIS(日本工業規格)によって決められているA系列用紙をA0用紙からA6用紙まで重ねたときのようすである。用紙の大きさはA0用紙を半分に折ったものがA1用紙，A1用紙を半分に折ったものがA2用紙となり，数字が1大きくなると大きさは半分に折ったものになる。

A0用紙の寸法が841 mm×1 189 mmであるとき，小数点以下は無視することとしてA4用紙の寸法を求めなさい。

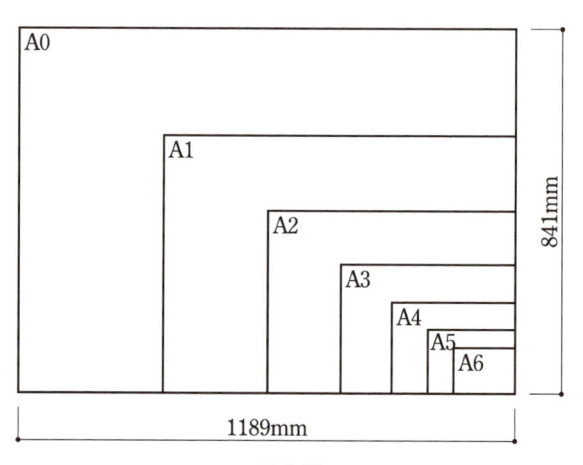

図3-22

3.4 建築パース

図3-23はフランク・ロイド・ライトが設計した「落水荘」である。このように建築物の完成予想図や俯瞰図などを透視図法に則って描いたものを **建築パース** と呼ぶ。透視図法は建築だけでなく，美術，アニメやCG(コンピューターグラフィックス)など視覚表現の分野で広く使用されている。透視図法も幾何学の一部であり，透視図の分類としては消点の数によるものが代表的である。

図3-23 落水荘

例題 3-6

図3-23の消点の数を求めなさい。

解説

代表的な辺をいくつか選んで延長すると，実際には平行な関係にある2直線が交わる点が存在する。それらを **消点** という。図3-23の場合は建物の左右にそれぞれ1つずつ合計2つの消点があることがわかる。つまり，この図は2点透視図法により描かれており，建物を正面ではなく斜め横から見たようすを投影している。この場合，鉛直方向の直線はすべて平行になる。

1点透視図法は建物の内観パースを描くのによく用いられる。図3-24は林雅子・林昌二設計の「私たちの家」の断面パースである。図の奥に向かう直線が中央付近の1点に収束するようすがわかる。この場合，鉛直方向と水平方向の直線はすべて平行になる。

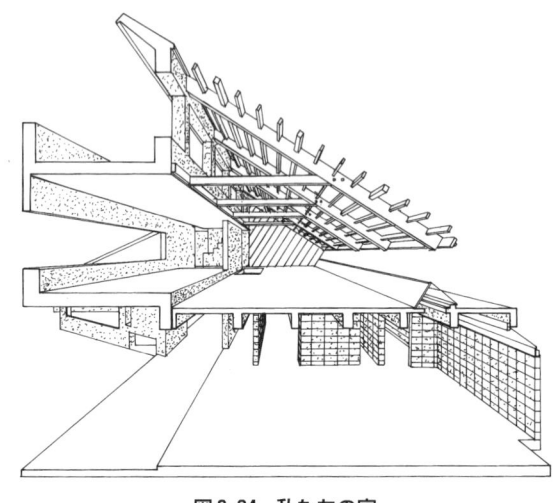

図3-24　私たちの家

　図3-25はレオナルド・ダ・ヴィンチ作の「最後の晩餐（ばんさん）」である。部屋の奥行きと遠近感が見事に表現されている。消点はイエス・キリストのこめかみ辺りになる。レオナルド・ダ・ヴィンチは万能の天才として知られており，絵画だけでなく建築，土木，彫刻など極めて幅広く活躍し，幾何学などの数学にも長（た）けていたといわれている。

図3-25　最後の晩餐

第4章　1D(線)を扱う建築事象

　第3章では寸法や角度を測定しました。それらの図は本書に収まるほどの大きさであったため，定規や分度器を使用して直接測ることができました。しかし，実際の建築物はそれらの図とは比べものにならないほど大きく，高層建築物や鉄塔の高さは定規などを使って直接測ることができません。また，通常の製図では用紙に図面を収めるために実際の長さを縮小して表現します。ここでは，建築物の実際の高さなどを求める方法の基礎を学びましょう。

横浜ランドマークタワー

　日本一高い超高層ビルでその高さは295.8 m。エレベーターの速度も日本一で最大分速約 750 m。制振装置としてコンピューター制御で揺れを抑える巨大な振り子を備えており，耐震性の高い制振構造を採用しています。

エッフェル塔

　高さ 324 m の錬鉄製の塔で，1889年にフランスのパリで開催された万国博覧会のために建造されました。あまりに奇抜な外観のため，完成当時は賛否両論でしたが，今ではパリを代表するシンボルとなっています。

4.1 長さの測定

ここでは，縮尺と長さの関係と，作図による高さの測定方法を学ぼう。

例題 4-1

図 4-1 の立面図は縮尺 1/200 で描かれている。この建築物の実際の高さ H [m] を求めなさい。

解説

「縮尺」とは，図面上の長さと実際の長さとの比を示すものである。一般的には問題文のように分子を 1 とする分数で表される。分母の値が大きくなると，図面上の長さは実際の長さに比べてどんどん小さくなる。

また，縮尺は分数で表される以外に 1：200 のように比の形で表すこともできる。この場合，

図面上の長さ：実際の長さ ＝ 1：200

ということになる。したがって，図面上の長さから実際の長さを求める式は以下のように表される。

図面上の長さ×分母の値 ＝ 実際の長さ

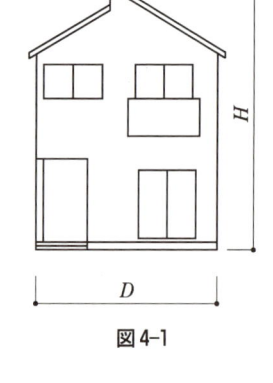

図 4-1

解答 図 4-1 での高さを測ると 36 mm である。図の縮尺は 1/200 なので建築物の実際の高さは，

$H = 36 \text{ mm} \times 200 = 7\,200 \text{ mm} = 7.2 \text{ m}$

問題 4-1 図 4-1 の建築物の実際の幅 D [m] を求めなさい。

例題 4-2

図 4-1 の建築物の外周を縮尺 1/100 でトレースしなさい。

解説

①実際の長さから求める方法

例題 4-1 と問 4-1 から，建築物の実際の長さは高さ 7.2 m，幅 5 m である。これを 1/100 に縮小すればよいので，図面上の長さは

高さ：7.2 m×1/100 = 0.072 m = 72 mm

幅　：5 m×1/100 = 0.05 m = 50 mm

②縮尺の比から求める方法

図 4-1 の縮尺は 1/200 であった。これを 2 倍すると 1/100 になるので，図 4-1 の高さと幅の長さをそれぞれ 2 倍すると，図面上の長さは

高さ：36 mm×2 = 72 mm

幅　：25 mm×2 = 50 mm

①と②のどちらの方法でも答えは同じになることがわかる。

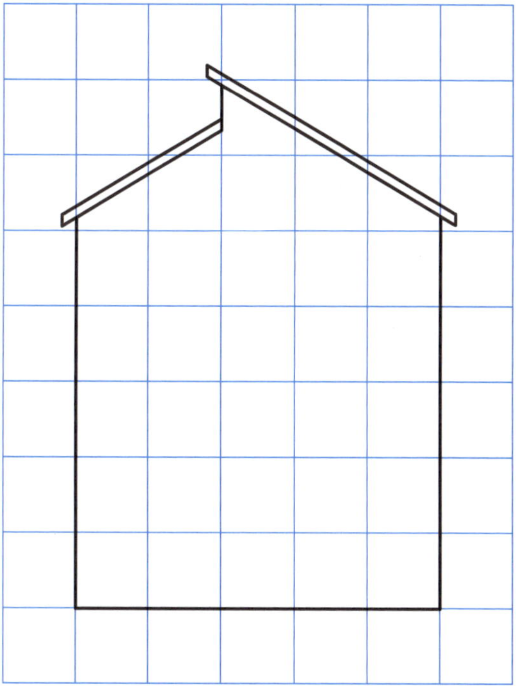

問題 4-2　図 4-2 の図面に外周以外の部分も描き入れて図面を完成させなさい。

図 4-2

| トピックス | 縮尺定規の使い方 |

建築図面では実際の寸法が mm 単位で記載されます。しかし，すべての部分の寸法を図面に書き入れることは不可能であるため，例題 4-1 や例題 4-2 のように図面の縮尺を利用して寸法を求めなければならない場合が多くあります。このようなとき，毎回計算をするのは大変で時間もかかりますよね。

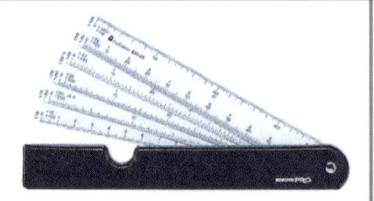

図 4-3　縮尺定規

そこで，建築設計製図では右のような特殊な定規を使用します。図 4-3 は一般的な縮尺定規で，1 本の定規の両側に縮尺の異なる目盛りが刻まれています。図 4-4 は三角スケールで，断面形状が三角形であることからこう呼ばれています。3 つの面の両側に縮尺の異なる目盛りが刻まれています。図 4-5 はヘキサスケールで，三角スケールの目盛りを 1 本の平スケールに展開したものです。

図 4-4　三角スケール

使い方はすべて同じで，図面の縮尺に合わせて使用面を選び寸法を読み取ります。図 4-6 に縮尺 1/200 の線分 ab があります。これを 1/200 と書かれた面で測ると，ちょうど 4 の目盛りに相当することから，実際の長さは 4 m であることがわかります。また，線分 ab を縮尺 1/300 の図面にトレースする場合には，1/300 と書かれた面で 4 の目盛りに相当する長さの線分を書けばよいことがわかります。

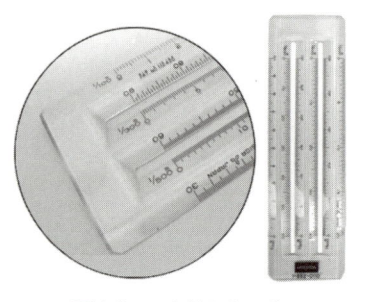

図 4-5　ヘキサスケール

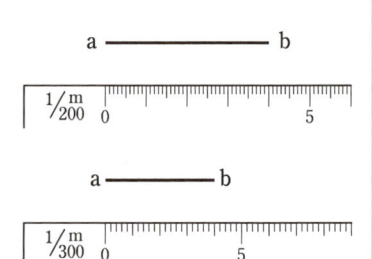

図 4-6

例題 4-3

図 4-7 に示すように建築物から 20 m 離れた位置からその**仰角**(見上げたときの視線と水平線のなす角)を測ったところ 50°であった。測定者の目の高さが 1.5 m であるとき，この建築物の高さを求めなさい。

図 4-7

解説

図 4-8 に示すように建築物と測定者の位置関係を縮尺 1/400 としてグラフ用紙に作図する。グラフ用紙上の建築物と測定者の距離を求めると，

$$20 \text{ m} \times 1/400 = 0.05 \text{ m}$$
$$= 5 \text{ cm}$$

なので，この長さの線分 A′C′ を引く。

次に，長さを縮小しても角度は変わらないので点 A′ から仰角 50°の直線を引く。最後に，点 C′ から垂線を引き，これらの直線の交点を点 B′ とすると △A′B′C′ ができる。

これは △ABC を縮尺 1/400 でトレースした三角形になる。

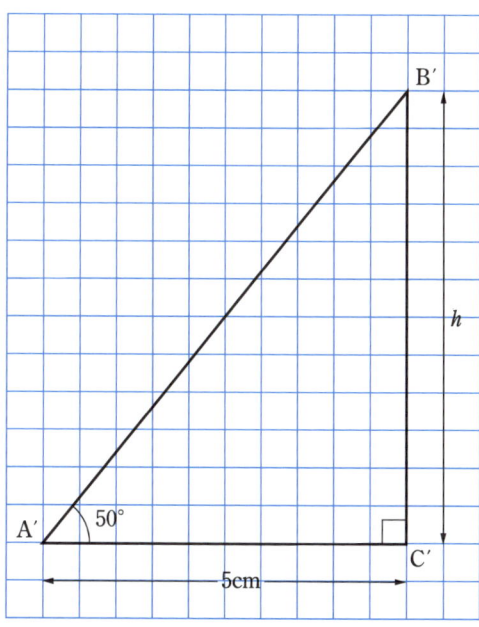

図 4-8

4.1 長さの測定

解答 図4-8の高さ h を測ると6cmである。図の縮尺は1/400なのでBCの実際の長さは，

$\quad$ 6 cm×400 = 2 400 cm = 24 m

測定者の目の高さを加えると，建築物の高さは，

$\quad$ 24 m+1.5 m = 25.5 m

問題 4-3 例題4-3のような方法で，校舎や校内の木の高さを実際に求めなさい。

4.2 三角比の利用

ここでは，各辺の長さの比が特殊な直角三角形を利用した高さの測定方法を学ぼう。

例題 4-4

図 4-9 に示すように目の位置と同じ高さから木が立っている。木の仰角がちょうど 45°になる場所が木の根元から 5 m のとき，鋭角が 45°の三角定規を使って木の高さを求めなさい。

解説

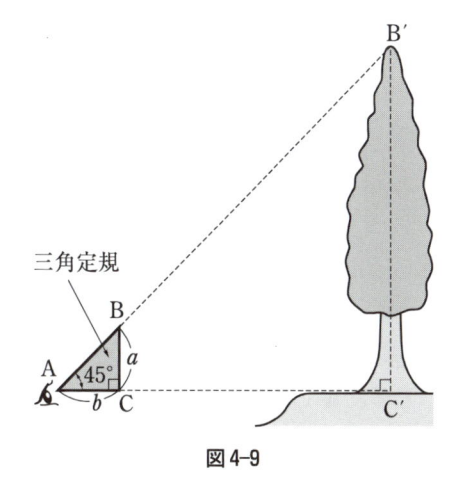

図 4-10 に示すように，鋭角が 45°の直角三角形の各辺の長さの比は $1:1:\sqrt{2}$ である。この図形的性質を △AB′C′ に利用すると，

$AC′:B′C′ = 1:1$

より AC′ と B′C′ は同じ長さになるので，木の高さは 5 m であることがわかる。

図 4-9

△ABC と △AB′C′ はすべての角度が等しく大きさだけが異なっている。このような関係を**相似**という。建築図面は実際の建築物を縮小して表しているものなので，それらは常に相似の関係にある。

図 4-10 に示すように，鋭角が 45°の場合以外にも，鋭角が 60°(30°)の直角三角形は各辺の長さの比は $1:\sqrt{3}:2$ である。また，各辺の比が 3:4:5 となる直角三角形もある。これらの直角三角形の辺比は非常に重要なのですべて覚えておくとよい。

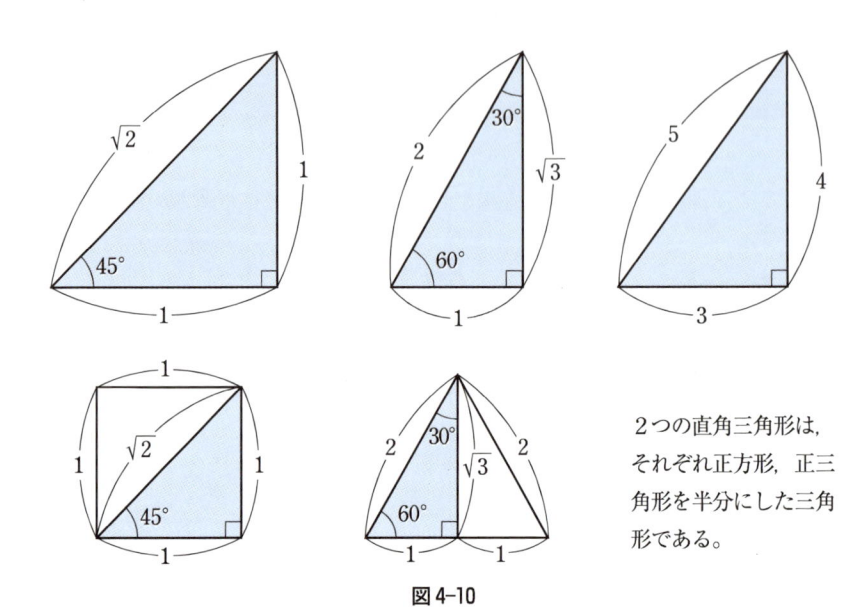

2つの直角三角形は，それぞれ正方形，正三角形を半分にした三角形である。

図 4-10

[問題] **4-4** 図 4-11 に示すように，2 階建ての家の屋根に登るためにハシゴをかけたい。地上から屋根までの高さが 5.2 m で，ハシゴを 60°の角度で立てかける場合，最低限必要なハシゴの長さを求めなさい。

図 4-11

[問題] **4-5** 図 4-12 のような直径 30 cm の丸太から，最も大きい正方形断面を切り出そうとするとき，その一辺の長さ [cm] を求めなさい。

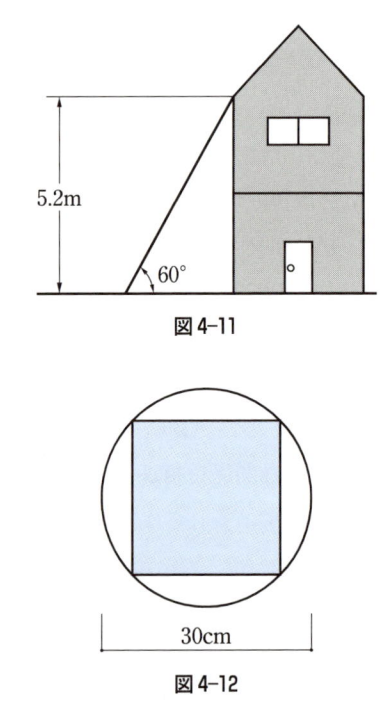

図 4-12

例題 4-5

図 4-13 の直角三角形の三角比を用いて，次の値を求めなさい。

(1) $\sin 45°$　(2) $\cos 60°$
(3) $\tan 60°$

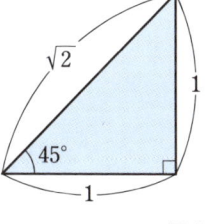

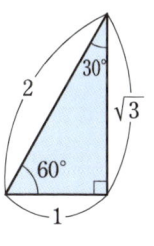

図 4-13

解説

直角三角形は，ひとつの鋭角が定まると三角形の大きさに関係なく 3 辺の長さの比が一定になる。これを **三角比** と呼ぶ。

図 4-14 に示すような ∠C が直角である直角三角形 ABC の 3 辺のうちの 2 辺の比は，ひとつの鋭角 θ（シータ）と sin（サイン），cos（コサイン），tan（タンジェント）という記号を用いて以下のように表すことができる。

$$\sin \theta = \frac{a}{c} = \frac{高さ}{斜辺}$$

$$\cos \theta = \frac{b}{c} = \frac{底辺}{斜辺}$$

$$\tan \theta = \frac{a}{b} = \frac{高さ}{底辺}$$

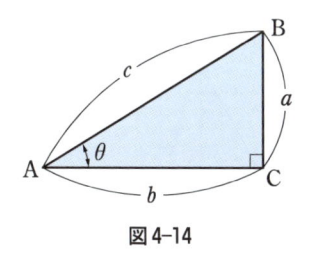

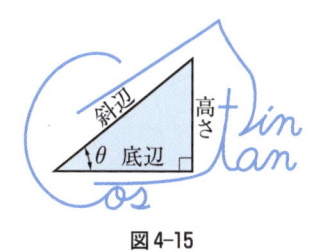

図 4-14

図 4-15

これらの式は，図 4-15 のように覚えるとよい。

解答　(1) $\sin 45° = \dfrac{高さ}{斜辺} = \dfrac{1}{\sqrt{2}} \fallingdotseq 0.707$

(2) $\cos 60° = \dfrac{底辺}{斜辺} = \dfrac{1}{2} = 0.5$

(3) $\tan 60° = \dfrac{高さ}{底辺} = \dfrac{\sqrt{3}}{1} \fallingdotseq 1.732$

$\sin\theta$, $\cos\theta$, $\tan\theta$ は角 θ の大きさに対応してその値が変化するため，総称して角 θ の**三角関数**という。これらの値は三角関数表や関数電卓によって求めることができる。

問題 4-6 直角三角形の三角比を用いて次の値を求め，付録 5 の三角関数表を利用して答えが合っているか確認しなさい。

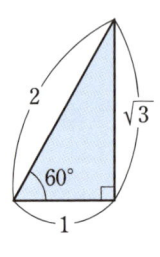

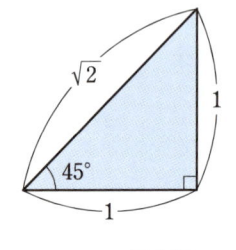

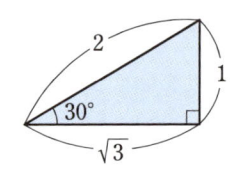

(1) $\sin 60°$ (2) $\cos 45°$ (3) $\tan 30°$

図 4–16

4.3　測量への応用

前節では特殊な仰角を持つ直角三角形の三角比を利用して建築物などの高さを測定した。ここでは，任意の仰角に対する測定方法を学ぼう。

例題 4-6

図 4-17 に示すように鉄塔の中心から 40 m 離れた位置からその仰角を測ったところ 26° であった。測定者の目の高さが 1.2 m であるとき，この鉄塔の高さを三角比を利用して求めなさい。

解説

鉄塔の高さ h を求めるために，まず BC の長さを求める。

△ABC の三角比を考えると，

$\sin 26° = \dfrac{BC}{AB}$

$\cos 26° = \dfrac{AC}{AB}$

$\tan 26° = \dfrac{BC}{AC}$

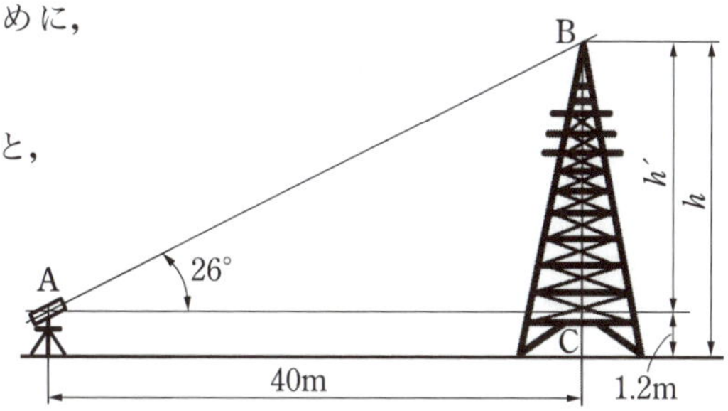

図 4-17

AB の長さはわかっていないので，式に AB が使われている $\sin 26°$ と $\cos 26°$ は利用できない。

$\tan 26°$ は付録 5 の三角関数表より 0.4877 なので，

$0.4877 = \dfrac{BC}{40}$ より，$BC = 0.4877 \times 40\,\text{m} \fallingdotseq 19.5\,\text{m}$

測定者の目の高さを加えると，鉄塔の高さは，

$h = 19.5\,\text{m} + 1.2\,\text{m} = 20.7\,\text{m}$

このように直角三角形の場合，ひとつの鋭角と 1 辺の長さがわかっていれば，三角比を用いて残りの辺の長さを求めることができる。例題 4-6 のように建築物などの高さを求める問題では，ほとんどの場合で $\tan\theta$ が利用される。

問題 **4-7** 図4-18に示すように建築物から30 m離れた丘の上からその仰角を測ったところ32°であった。また，同じ位置からその**俯角**（見下げたときの視線と水平線のなす角）を測ったところ24°であった。この建築物の高さを三角比を利用して求めなさい。

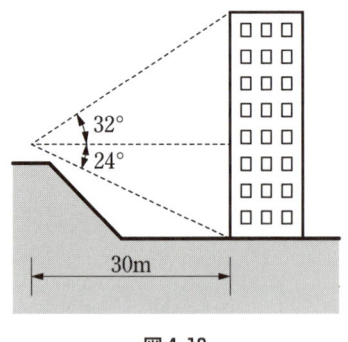

図4-18

問題 **4-8** 図4-19に示すようにA地点から川の対岸に建つ煙突の仰角を測ったところ39°であった。また，B地点から仰角を測ったところ22°であった。AB間の距離が25 mのとき，この煙突の高さを三角比を利用して求めなさい。

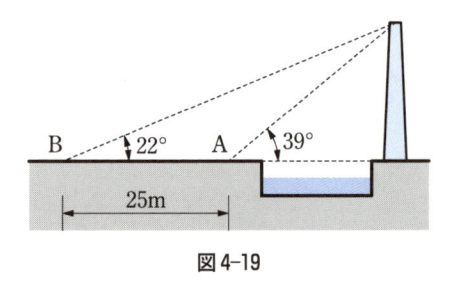

図4-19

第5章　2D（多角形）を扱う建築事象

　第4章では建築物の高さを対象として長さの測定方法を学びましたが，建築設計では測定した長さや図面から建築物や敷地の面積を求めることも必要となります。ここでは，三角形や四角形，円などの基本図形の面積を求める方法を学び，それらを応用して建築物や敷地の面積を求める方法を学びましょう。

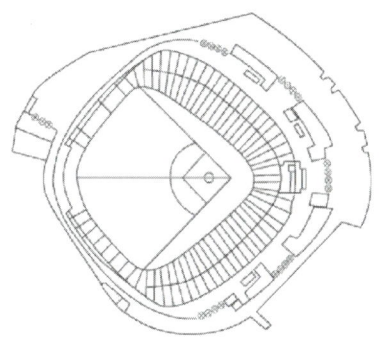

平面の概略図

東京ドーム

日本初の屋根付き球場。屋根は空気膜構造を採用している。建物規模は，高さ：約56.2 m，建築面積：約46 800 m²，容積：約1 240 000 m³。

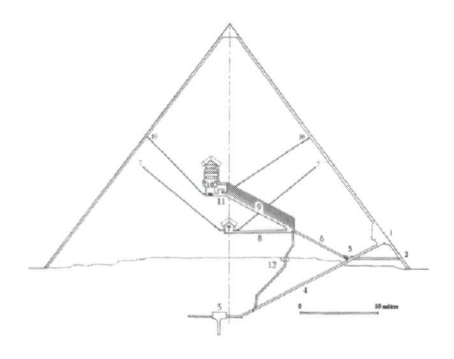

断面の概略図

ギザの大ピラミッド

クフ王が建設。ピラミッド建築の頂点で最大規模を誇る。建築規模は，高さ：約146 m，底辺：約230 m，底面積：約55 000 m²，容積：約2 350 000 m³。

5.1　基本図形の面積

ここでは，三角形や四角形，円などの基本図形の面積を求める方法を学ぼう。

例題 5-1

図 5-1 のピラミッドの概略図から底面および断面の面積を求めなさい。

断面の概略図

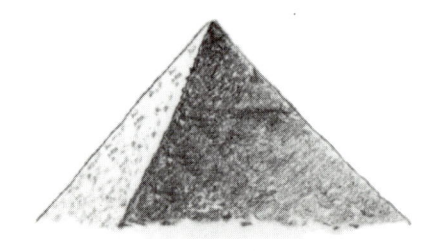

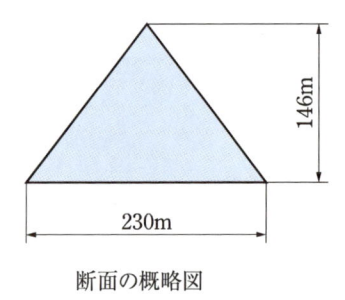

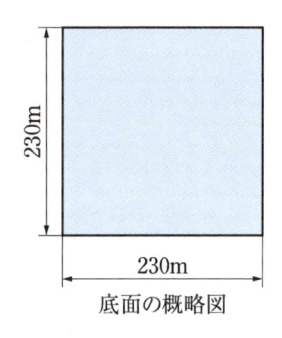

底面の概略図

図 5-1

解説

面積を求めるためには図 5-2 の公式を使用する。

底面は正方形で，その面積は，

　　$230\,\text{m} \times 230\,\text{m} = 52\,900\,\text{m}^2$

断面は三角形なのでその面積は，

　　$230\,\text{m} \times 146\,\text{m} \div 2 = 16\,790\,\text{m}^2$

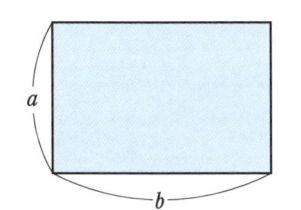

長方形

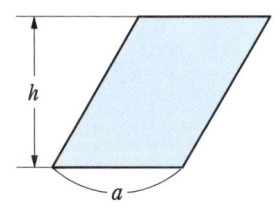

$$A = 縦 \times 横 = ab$$

平行四辺形

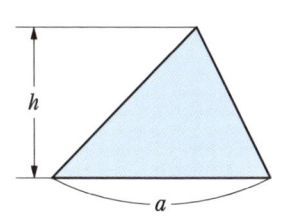

$$A = 底辺 \times 高さ = ah$$

三角形

$$A = 底辺 \times 高さ \div 2 = \frac{ah}{2}$$

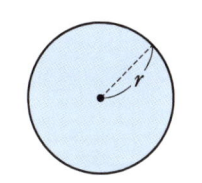

円

$$A = 半径 \times 半径 \times 3.14 = \pi r^2$$

図 5-2

問題 5-1 図 5-3 の 400 m トラックの面積を求めなさい。

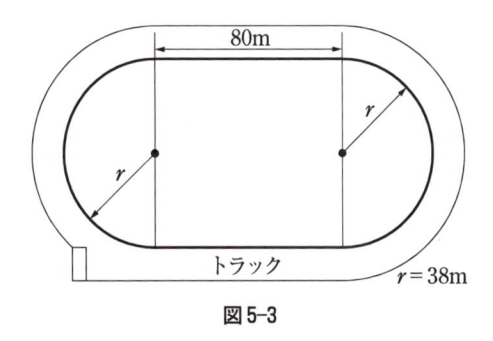

図 5-3

5.1 基本図形の面積

例題 5-2

図 5-4 のような円形鋼管の断面積を求めなさい。

解説

外側の円の半径は 5 cm（直径は 10 cm）なので，この円の面積 A_1 は，

$A_1 = 5\,\text{cm} \times 5\,\text{cm} \times 3.14$
$ = 78.5\,\text{cm}^2$

内側の円の半径は 4 cm（直径は 8 cm）なので，この円の面積 A_2 は，

$A_2 = 4\,\text{cm} \times 4\,\text{cm} \times 3.14 = 50.24\,\text{cm}^2$

よって，鋼管の断面積 A は，

$A = A_1 - A_2 = 28.26\,\text{cm}^2$

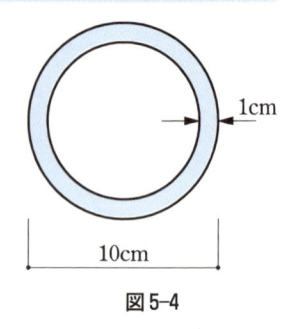

図 5-4

問題 5-2 図 5-5 のような角形鋼管の断面積を求めなさい。

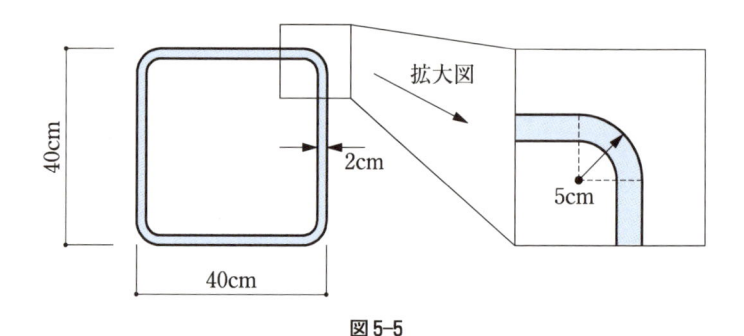

図 5-5

5.2　いろいろな多角形の面積

ここでは，基本図形の面積の公式を利用して，いろいろな多角形の面積を求める方法を学ぼう。

例題 5-3

図 5-6 のような土地の敷地面積 [m²] を求めなさい。

解説

補助線①

図 5-7 のように補助線を引くと，A_1，A_2 の2つの三角形に分けることができる。これら三角形の面積は，

$A_1 = 120 \text{ m} \times 150 \text{ m} \div 2 = 9\,000 \text{ m}^2$

$A_2 = 200 \text{ m} \times 150 \text{ m} \div 2 = 15\,000 \text{ m}^2$

よって，敷地面積 A は，

$A = A_1 + A_2 = 24\,000 \text{ m}^2$

補助線②

図 5-8 のように補助線を引くと，A_3 の長方形と A_4 の三角形に分けることができる。これらの図形の面積は，

$A_3 = 150 \text{ m} \times 120 \text{ m} = 18\,000 \text{ m}^2$

$A_4 = (200 \text{ m} - 120 \text{ m}) \times 150 \text{ m} \div 2$
$= 6\,000 \text{ m}^2$

よって，敷地面積 A は，

$A = A_3 + A_4 = 24\,000 \text{ m}^2$

図 5-6

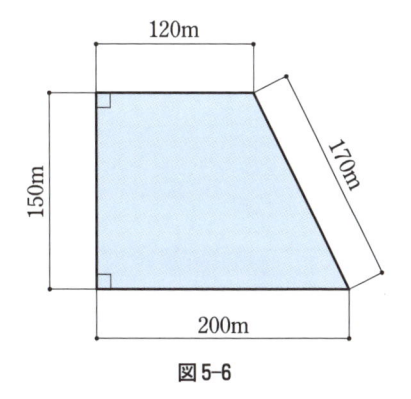

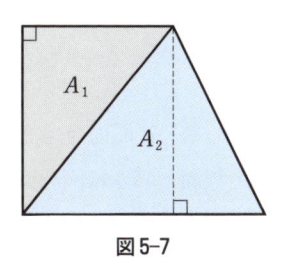

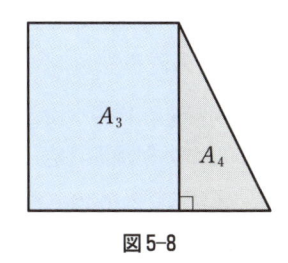

図 5-7

図 5-8

このように，補助線の引き方が違っていても最終的な答えは同じになること

がわかる。また，補助線の引き方は①，②以外にも多数ある上に，補助線は1本とは限らない。いろいろな補助線を引いて面積を比較してみよう。

問題 5-3　図5-9は住宅の敷地を実測した結果である。この敷地面積 [m²] を小数第2位まで求めなさい。

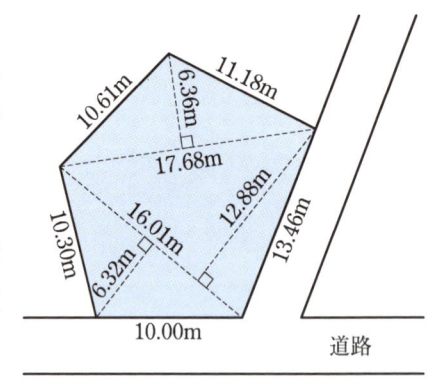

図5-9

例題 5-4

図5-10のような小屋の方形屋根の面積 [m²] を小数第1位まで求めなさい。

解説

図5-11のように，図5-10.b)に示した屋根のA-A′断面を考えると，ひとつの屋根面の高さは図の直角三角形の斜辺であることがわかる。

ここで，前章の4.2で学んだ直角三角形の辺の比から，底辺の長さと高さの比が1:1の直角三角形では，斜辺の長さはその $\sqrt{2}$ 倍になっている。

解答　ひとつの屋根面は底辺の長さ6m，高さ $3\sqrt{2}$ m の三角形で，この大きさの屋根面が4つあるから，方形屋根の面積は，

$$(6\,\text{m} \times 3\sqrt{2}\,\text{m} \div 2) \times 4 \fallingdotseq 50.9\,\text{m}^2$$

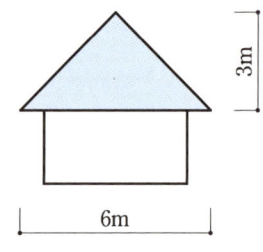

a) 立面図

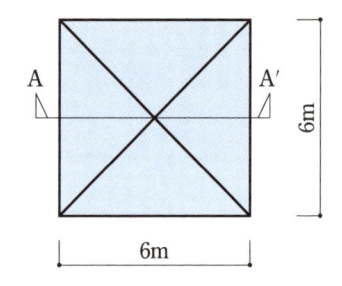

b) 屋根伏図

図5-10

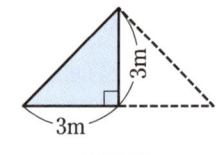

図5-11

[問題] **5-4** 図5-12のような梁間7.2 m，桁行11.7 m，屋根周囲の軒の出0.5 mの切妻屋根の面積 [m^2] を求めなさい。

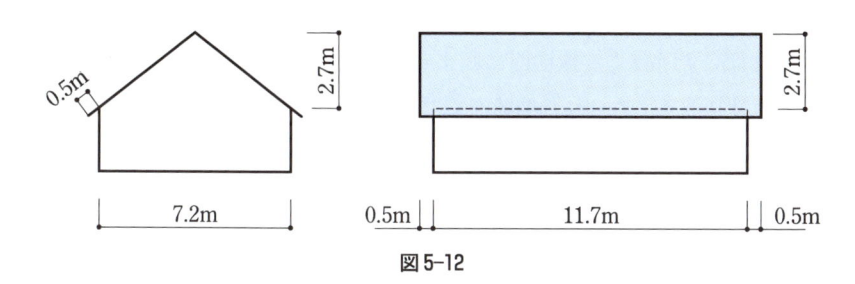

図5-12

[問題] **5-5** 図5-13のように，オフィスビルに図の方向から太陽光が当たっているとき，この建築物によってできる影の面積 [m^2] を小数第1位まで求めなさい。

なお，太陽は地球から非常に遠いため，太陽光は平行光源として扱う。

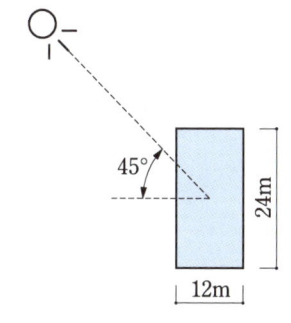

a) 平面図

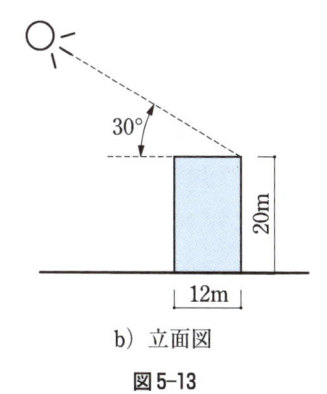

b) 立面図

図5-13

5.3 建ぺい率と容積率

建築物は必ず所有する敷地内に収まるように建てなければならない。しかも，都市計画法で定められた地域内では，敷地面積に対する建築物のいろいろな面積が法令によって制限されている。ここでは，建築物に関連するいろいろな面積の比である建ぺい率と容積率について学ぼう。

例題 5-5

図 5-14 に示す敷地に公民館を計画している。この建築物の建ぺい率(%)を小数第 2 位まで求めなさい。

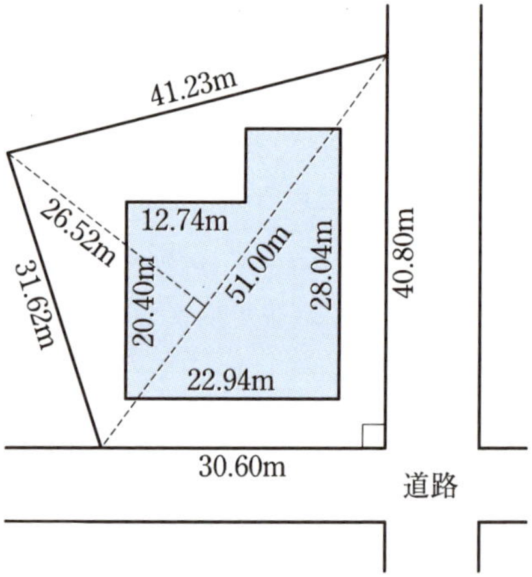

解説

建ぺい率とは，敷地面積に対する建築面積の割合であり，以下の式で求められる(→ p.49)。

$$\text{建ぺい率} = \frac{\text{建築面積}}{\text{敷地面積}}$$

図 5-14

建築面積とは建築物の外壁またはこれに代わる柱の中心線で囲まれた部分の水平投影面積である。

解答 公民館の建築面積 A_1 を求めると，

$A_1 = 20.40 \text{ m} \times 22.94 \text{ m} + (28.04 \text{ m} - 20.40 \text{ m}) \times (22.94 \text{ m} - 12.74 \text{ m})$
$= 545.90 \text{ m}^2$

敷地面積 A_2 を求めると，

$A_2 = (51.00 \text{ m} \times 26.52 \text{ m}) \div 2 + (30.60 \text{ m} \times 40.80 \text{ m}) \div 2$
$= 1\,300.50 \text{ m}^2$

よって，建ぺい率 $= \dfrac{A_1}{A_2} \fallingdotseq 0.419\,8$

建ぺい率は一般的に百分率(%)で表すので，41.98%。

問題 5-6　図5-15に示す敷地に平屋の住宅を計画している。この敷地の建ぺい率の制限が60%であるとき，建築可能な建築面積 [m²] を小数第2位まで求めなさい。

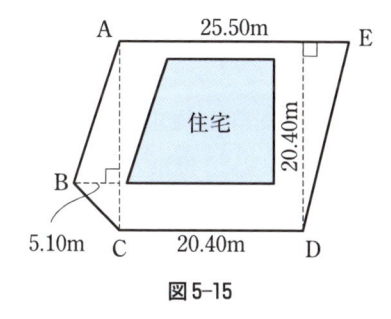

図 5-15

問題 5-7　例題5-5の敷地において，建ぺい率の制限が70%に指定された場合，増やすことができる建築面積 [m²] を小数第2位まで求めなさい。

例題 5-6

図5-16に示すように，ある敷地に鉄骨造3階建ての店舗を計画している。各階の床面積がすべて同じ場合，この建築物の容積率 (%) を小数第2位まで求めなさい。

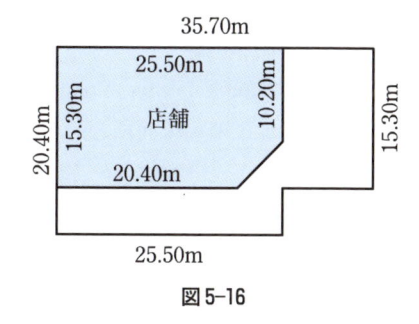

図 5-16

解説

容積率とは，敷地面積に対する建築の延べ面積(延べ床面積)の割合であり，以下の式で求められる(→ p.50)。

$$容積率 = \frac{延べ面積}{敷地面積}$$

延べ面積(延べ床面積)とは建築物の各階の床面積の合計で，床面積とは建築物の各階またはその一部で壁その他の区画の中心線で囲まれた部分の水平投影面積である。

解答　店舗の1階床面積 A_1 を求めると，

$$A_1 = 15.30 \text{ m} \times 25.50 \text{ m}$$
$$- (25.50 \text{ m} - 20.40 \text{ m}) \times (15.30 \text{ m} - 10.20 \text{ m}) \div 2$$
$$= 377.15 \text{ m}^2$$

店舗は3階建てなので，延べ面積 A_2 は，

$A_2 = A_1 \times 3 = 1\,131.45\text{ m}^2$

敷地面積 A_3 を求めると，

$A_3 = 20.40\text{ m} \times 25.50\text{ m} + 15.30\text{ m} \times (35.70\text{ m} - 25.50\text{ m}) = 676.26\text{ m}^2$

よって，

$容積率 = \dfrac{A_2}{A_3} ≒ 1.6731$

容積率も建ぺい率と同じく一般的に百分率(%)で表すので，167.31%

問題 **5-8** 図5-17は，ある学校の敷地の形状と校舎の配置図兼1階平面図の概略である。

A棟が2階建て，B棟とC棟が3階建てであり，各階の床面積は1階の床面積と同じである。

この建築物の建ぺい率(%)と容積率(%)を小数第2位まで求めなさい。なお，渡り廊下の床面積は除外してよい。

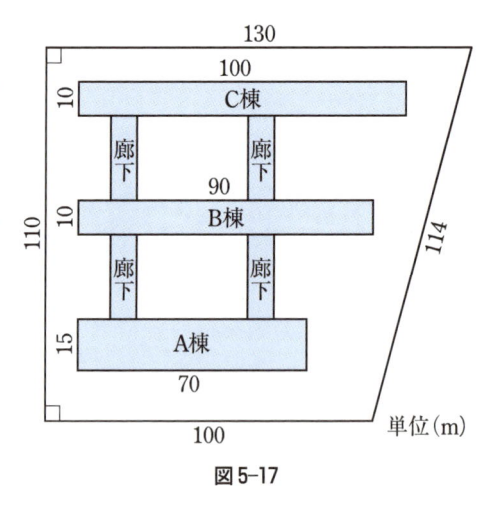

図5-17

第6章　3D（立体）を扱う建築事象

　建築物を建設するためには膨大な量の資材を使用します。それらを計画的に調達するためには，あらかじめ必要になる量を計算しておかねばなりません。また，構造物の耐震設計では建築物の質量等を計算する必要もあります。ここでは，体積を求める方法の基礎を学び，応用として体積から質量や力を求める方法を学びましょう。

鉄骨造（Ｓ造）建築物

　鉄骨造の場合，部材は工場で加工され，工事現場では組立作業のみとなります。そのため，現場では接合する作業が中心となり，施工品質が確保しやすい上に工期が短いことが特徴です。

鉄筋コンクリート造（ＲＣ造）建築物

　鉄筋コンクリート造の場合，鉄筋や型枠の組立て，コンクリートの打設など，躯体工事のほとんどが工事現場で行われます。広い工事場所が必要で天候の影響も受け易いですが，形状の自由度が高いことが特徴です。

6.1 基本立体の体積

ここでは，角柱や円柱，角すいなど基本立体の体積を求める方法を学ぼう。

例題 6-1

図 6-1 のように建物 1 階の土間スラブをコンクリートで施工する。厚さを 15 cm にする場合，必要なコンクリートの体積 [m³] を求めなさい。

解説

体積を求めるためには，図 6-2 の公式を使う。図の土間スラブは高さが小さく薄いが，四角柱（直方体）なので，コンクリートの体積は，

$$4\,\text{m} \times 6\,\text{m} \times 0.15\,\text{m} = 3.6\,\text{m}^3$$

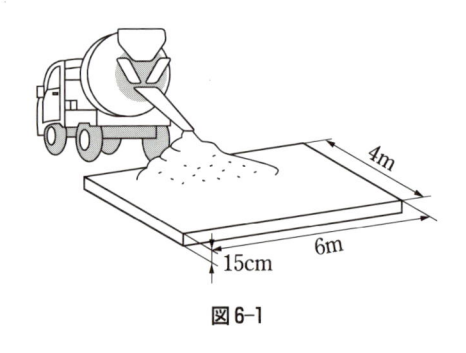

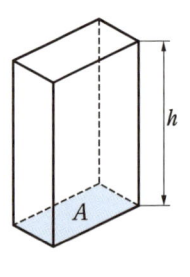

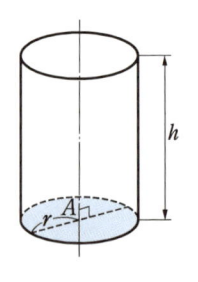

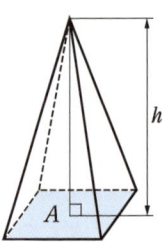

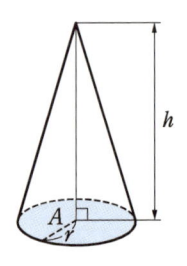

図 6-1

角柱・円柱
$$V = 底面積 \times 高さ = Ah$$

角すい・円すい
$$V = 底面積 \times 高さ \div 3 = \frac{Ah}{3}$$

図 6-2

問題 6-1　図6-3の鉄筋コンクリート造の柱の体積 [m³] を求めなさい。

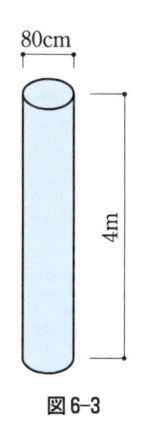

図6-3

問題 6-2　図6-4のピラミッドの体積 [m³] を求めなさい。

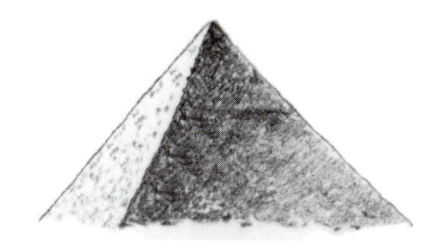

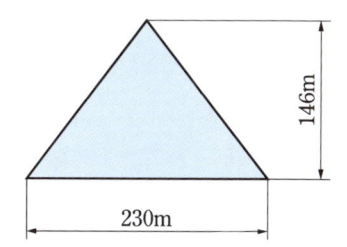

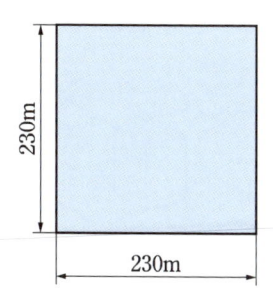

図6-4

例題 6-2

建築物の基礎や地下階を作るためには，地盤面下の土を掘る根切り工事を行う。図6-5のように土を掘るとき，根切りを行う土の体積 [m³] を求なさい。また，この土を運び出すために必要なダンプトラックの台数を求めなさい。1台のトラックが積み込める土の体積は6m³とする。

解説

深さ1.5mまでの部分と深さ1.5mから6.5mまでの部分の2つの直方体に分けて考えると，深さ1.5mまでの部分の土の体積は，

$20\,m \times 28\,m \times 1.5\,m = 840\,m^3$

深さ1.5mから6.5mまでの部分の土の体積は，

$20\,m \times 12\,m \times 5\,m = 1\,200\,m^3$

よって，根切りを行う土の体積は，

$840\,m^3 + 1\,200\,m^3 = 2\,040\,m^3$

必要なダンプトラックの台数は，

$2\,040\,m^3 \div 6\,m^3 = 340\,台$

根切り伏図

根切り断面図

図6-5

問題 6-3 図6-6は鉄筋コンクリート造建築物の独立基礎である。同じ大きさの独立基礎18個の基礎工事に必要なコンクリートミキサー車の台数を求めなさい。

1台のコンクリートミキサー車が積み込めるコンクリートの体積は4m³とする。

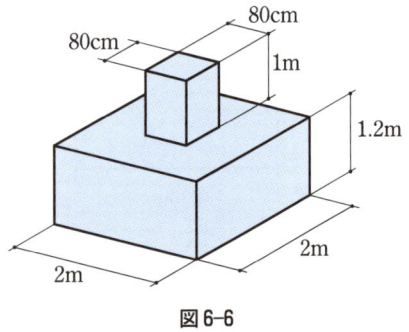

図6-6

6.2 いろいろな立体の体積

ここでは，基本立体の体積の公式を利用して，いろいろな立体の体積を求める方法を学ぼう。

例題 6-3

図 6-7 のような布基礎のおおよその体積 [m³] を求めなさい。

解説

布基礎の断面積は，

$(0.5\,\text{m} \times 0.12\,\text{m}) + (0.2\,\text{m} \times 0.4\,\text{m})$
$= 0.14\,\text{m}^2$

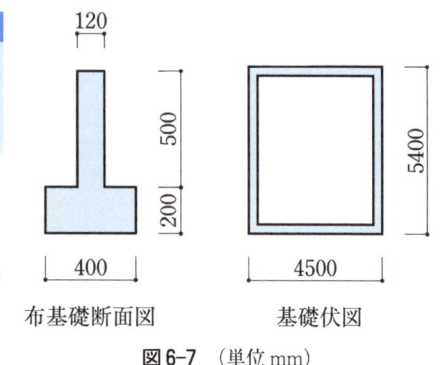

布基礎の全長は，

$(5.4\,\text{m} \times 2) + (4.5\,\text{m} \times 2) = 19.8\,\text{m}$

よって，布基礎の体積は，

$0.14\,\text{m}^2 \times 19.8\,\text{m} ≒ 2.77\,\text{m}^3$

布基礎断面図　　基礎伏図

図 6-7 （単位 mm）

問題 6-4 図 6-8 のように根切りを行う土のおおよその体積 [m³] を求めなさい。

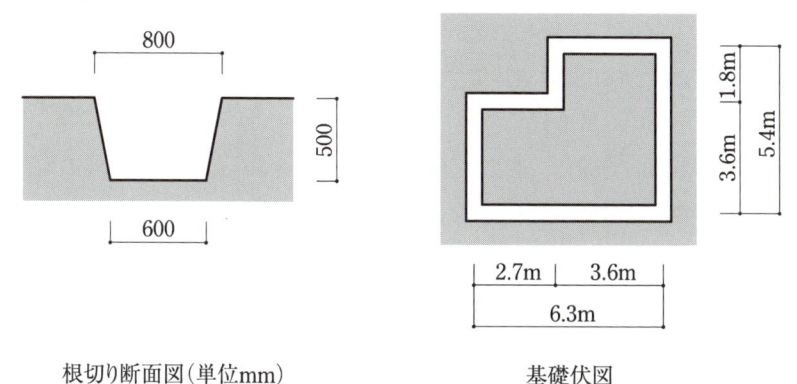

根切り断面図（単位mm）　　基礎伏図

図 6-8

例題 6-4

図 6-9 のような 3 階建ての鉄筋コンクリート造建築物について，基礎を除いた軸組部分に必要なコンクリートのおおよその体積 [m³] を求めなさい。

建物の階高はすべて 3 m である。柱の断面サイズは 80 cm×80 cm である。梁の断面サイズは，スパンが 6 m の場合に 60 cm×30 cm で，8 m の場合に 80 cm×40 cm である。床スラブの厚さは 15 cm である。各部材の長さはスパンとして計算してよいこととする。

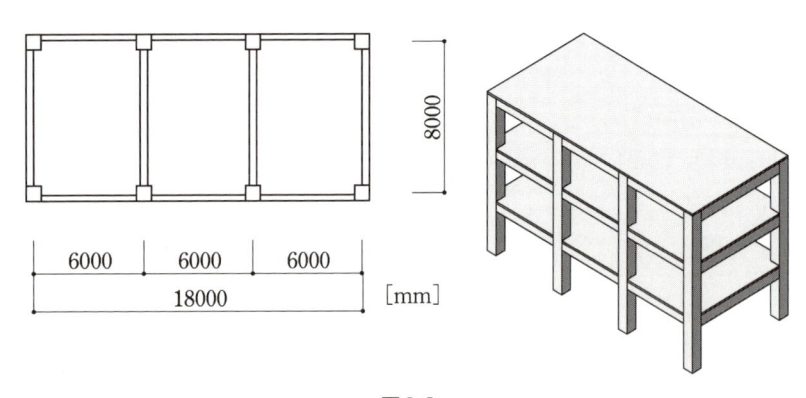

図 6-9

解説

柱は，底面が一辺 80 cm の正方形，高さ 3 m の角柱で，柱 1 本の体積は，

$0.8\,\text{m} \times 0.8\,\text{m} \times 3\,\text{m} = 1.92\,\text{m}^3$

1 階の柱は 8 本なので建物全体で 24 本である。よって，柱すべての体積は，

$1.92\,\text{m}^3 \times 24 = 46.08\,\text{m}^3$

小さい方の断面の梁は，立てると底面が 60 cm×30 cm，高さ 6 m の角柱である。この梁は建物全体で 18 本なので，その体積は，

$(0.6\,\text{m} \times 0.3\,\text{m} \times 6\,\text{m}) \times 18 = 19.44\,\text{m}^3$

大きい方の断面の梁も同様に考えると，その体積は，

$(0.8\,\text{m} \times 0.4\,\text{m} \times 8\,\text{m}) \times 12 = 30.72\,\text{m}^3$

床スラブの体積は，

$(8 \text{ m} \times 18 \text{ m} \times 0.15 \text{ m}) \times 3 = 64.8 \text{ m}^3$

よって，必要なコンクリートの体積は，

$46.08 \text{ m}^3 + 19.44 \text{ m}^3 + 30.72 \text{ m}^3 + 64.8 \text{ m}^3 \fallingdotseq 161 \text{ m}^3$

問題 **6-5** 図 6-10 のような 2 階建ての鉄筋コンクリート造建築物について，基礎を除いた軸組部分に必要なコンクリートのおおよその体積 $[\text{m}^3]$ を求めなさい。

建物は 3×3 スパンである。柱の断面サイズは 70 cm×70 cm，梁の断面サイズは 80 cm×30 cm，床スラブの厚さは 15 cm である。各部材の長さはスパンとして計算してよいこととする。

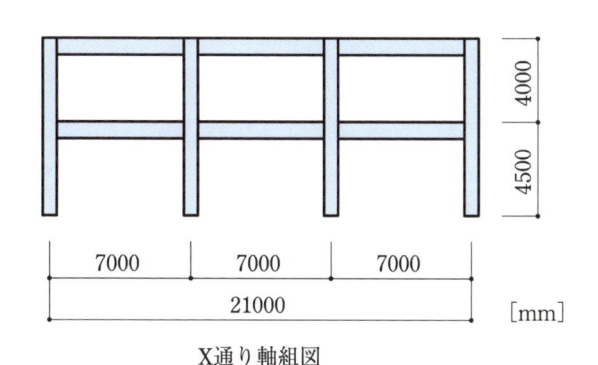

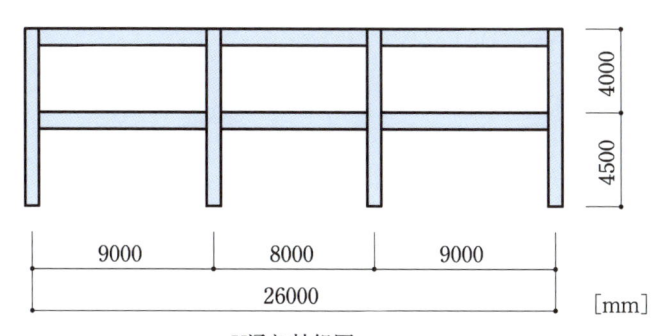

X通り軸組図

Y通り軸組図

図 6-10

6.3 質量と力

ここでは，立体の体積から質量や重力を求める方法を学ぼう。

例題 6-5

図 6-11 に示すような木造住宅に使用するスギの柱を運搬したい。柱の断面サイズは 120 mm 角であり，長さは 6 m である。柱 16 本の質量 [kg] を求めなさい。スギの密度は 340 kg/m³ とする。

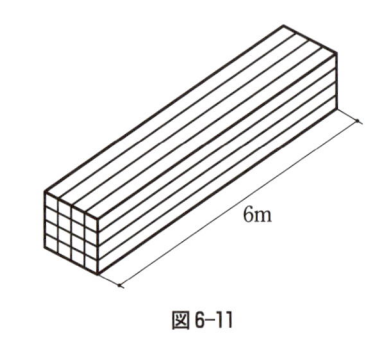

図 6-11

解説

物質の単位体積当たりの質量のことを**密度**という。そのため，物体の質量 m，体積 V，密度 ρ の間には以下の関係がある。

質量 = 体積×密度　すなわち　$m = V\rho$

解答　柱 16 本分の体積は，

$(0.12 \text{ m} \times 0.12 \text{ m} \times 6 \text{ m}) \times 16 \fallingdotseq 1.382 \text{ m}^3$

よって，柱 16 本の質量 m は，

$m = 1.382 \text{ m}^3 \times 340 \text{ kg/m}^3 \fallingdotseq 470 \text{ kg}$

問題 6-6　図 6-12 に示すような鉄骨造建築物に使用される円形鋼管の柱 6 本の質量(t)を求めなさい。鋼管の断面サイズは $\phi 400 \times 22$ であり，長さは 10 m である。鋼材の密度は 7.85 t/m³ とする。

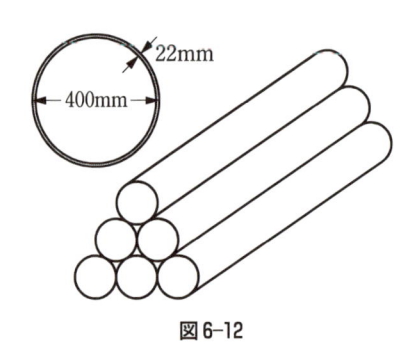

図 6-12

例題 6-6

図 6-13 に示すように質量(体重) 60 kg の人が面積 4 m² の鉄板の上に乗っているとき，この鉄板に加えられている力 F [kN] を求めなさい。鉄板の単位面積当たりの質量は 200 kg/m²，重力加速度は 9.8 m/s² とする。

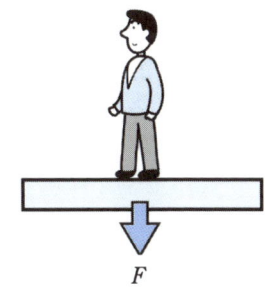

図 6-13

解説

物体に作用して，その運動の状態や形を変えることができるものを**力**という。力 F と物体の**質量** m，**加速度** a の間には以下の関係がある。

力 ＝ 質量×加速度　すなわち　$F = ma$

力の単位は通常 N (ニュートン) で表し，1 N は質量 1 kg の物体に 1 m/s² の加速度を生じさせる力と定められている。

$$1\,\text{N} = 1\,\text{kg} \times 1\,\text{m/s}^2 = 1\,\text{kg·m/s}^2$$

われわれの日常に目を向けると，地球上のすべての物体は常に地球から引かれており，この力を一般的に**重力**という。つまり，普段，重量(重さ)といっているのは，その物体に働く重力の大きさのことである。

質量 m の物体に働く重力を G，重力加速度を g とすると，上の式の力 F を重力 G，加速度 a を重力加速度 g に変えて

重力 ＝ 質量×重力加速度　すなわち　$G = mg$

と表される。重力加速度 g は 9.8 m/s² であるため，地球上では質量 1 kg の物体に 9.8 N の重力が働き，その物体は地球の中心に向かって 9.8 N の力を加えていることになる。

解答　人に働く重力 G_1 は，　　　$G_1 = 60\,\text{kg} \times 9.8\,\text{m/s}^2 = 588\,\text{N}$

鉄板の質量 m は，　　　　　　　$m = 200\,\text{kg/m}^2 \times 4\,\text{m}^2 = 800\,\text{kg}$

であるから，鉄板に働く重力 G_2 は，　$G_2 = 800\,\text{kg} \times 9.8\,\text{m/s}^2 = 7\,840\,\text{N}$

鉄板には人の重力と鉄板の重力が加えられているから，力 F は，

$$F = G_1 + G_2 = 8\,428\,\text{N} = 8.43\,\text{kN}$$

> **トピックス　重量と質量**
>
> 　地球で体重 60 kg の人が月で体重計に乗ると，体重計の目盛りは 10 kg を指し，月での体重は地球での体重の 6 分の 1 になります。一方で，この人が月で天秤に乗ると，10 kg のおもりではなく 60 kg のおもりとつり合います。これらが重量(重さ)と質量の違いであり，体重計を使って測ったのが「重量」，天秤を使って測ったのが「質量」です。
>
> 　質量は物体固有の量であり，どこで測定しても同じです。重量は物体に働く重力の大きさであることから，月の重力加速度は地球の 6 分の 1 であることがわかります。

問題 6-7　例題 6-4 の 3 階建ての鉄筋コンクリート造建築物の建物下部にかかる重力 [kN] を求めなさい。鉄筋コンクリートの密度は $2.5\,\mathrm{t/m^3}$ とする。また，2 階と 3 階の積載荷重は $300\,\mathrm{kg/m^2}$，屋上の積載荷重は $150\,\mathrm{kg/m^2}$，重力加速度は $9.8\,\mathrm{m/s^2}$ とし，1 階の土間スラブおよび G.L. より下の基礎部分の重量は考えなくてよいものとする。

> **トピックス　構造計算における荷重(外力)**
>
> 　建築物に加わる種々の荷重(外力)に対して安全であるように設計するためには，まず荷重(外力)を計算により求める必要があります。荷重(外力)は「建築基準法施行令」に定められており，主に以下の 5 つに分類されています。
> 　①固定荷重：建築物自身の重量です。
> 　②積載荷重：人間および物品の重量で，室の種類ごとに定められています。
> 　③積雪荷重：雪の重量で，垂直最深積雪量が地方ごとに定められています。
> 　④風荷重　：風圧力で，建物形状や屋根形状などで異なります。
> 　⑤地震荷重：地震力で，建物の全重量の 2～3 割に対応する力を水平力として作用させます。
>
> 　①と②は常に建物に作用しており，③～⑤はそれぞれ異常積雪，台風，大地震などの非常時を想定しています。特に⑤の地震荷重については，建物の使用期間中に起こりそうにない極大地震も想定しており，この場合は建物の全重量を水平力として作用させて安全性を検討します。
>
> 　このように重量を計算により求めて荷重(外力)を定めることは，構造計算における極めて重要な項目のひとつであることがわかります。

第7章　さまざまな事象について解を求める

　ここまで，さまざまな事象について，式を立て計算をして，答えを求めてきました。この章では，求めたい値を文字にして式を立てて解を求める方法や，公式に数値を代入して値を比較する方法などについて学習しましょう。

　等式や不等式を立てる場合には，左辺と右辺の数値は必ず同じ単位にします。自分が何についての式を立てているのか？（面積なのか，力なのか，圧力なのか，など）を考えると，式を立てやすくなるでしょう。

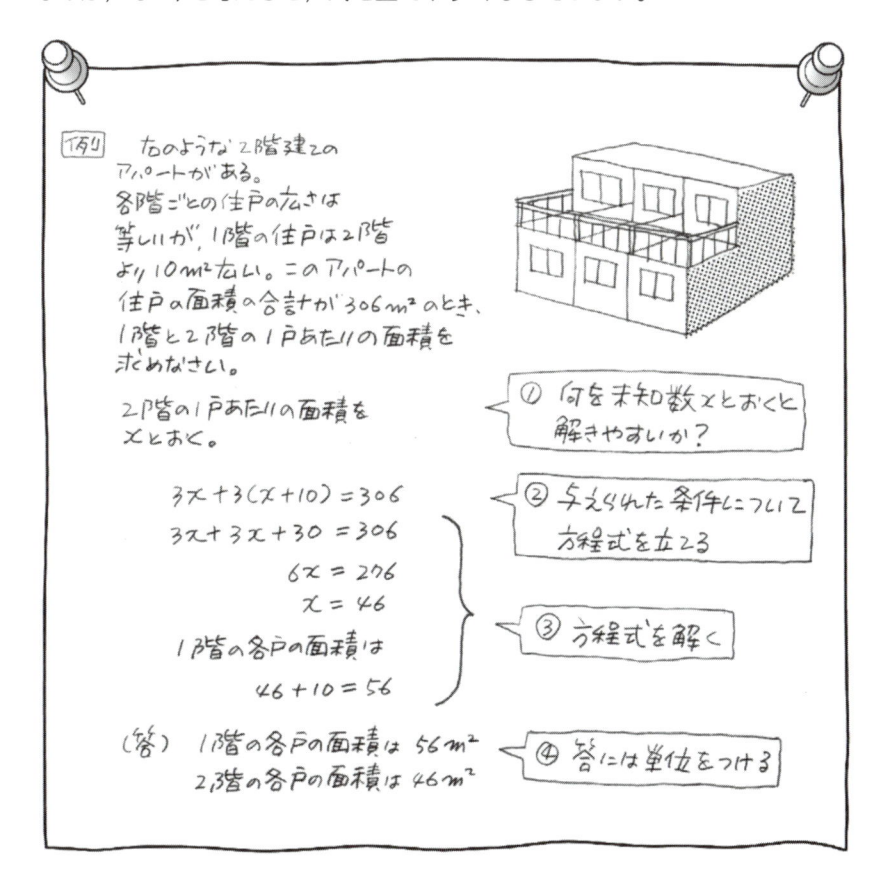

[例] 右のような2階建てのアパートがある。各階ごとの住戸の広さは等しいが，1階の住戸は2階より $10m^2$ 少ない。このアパートの住戸の面積の合計が $306m^2$ のとき，1階と2階の1戸あたりの面積を求めなさい。

2階の1戸あたりの面積を x とおく。

$$3x + 3(x+10) = 306$$
$$3x + 3x + 30 = 306$$
$$6x = 276$$
$$x = 46$$

1階の各戸の面積は
$$46 + 10 = 56$$

(答)　1階の各戸の面積は $56m^2$
　　　2階の各戸の面積は $46m^2$

① 何を未知数 x とおくと解きやすいか？
② 与えられた条件について方程式を立てる
③ 方程式を解く
④ 答には単位をつける

7.1　未知数を文字にして等式を立てる

わからない数値があるときに，未知数を x として式を立て，方程式を解いて解を求める方法を中学校などで学んだだろう。ここでは，方程式の立て方，解き方について復習しよう。

例題 7-1

設計事務所の先輩に頼まれて，お弁当を買いに行った。同じ種類のお弁当を 7 個と，100 円のお茶を 7 本買ったら，代金が 4 760 円だった。このお弁当 1 個の値段を求めなさい。

解説

お弁当 1 個の値段を x とすると，

$7x + 100 \times 7 = 4\,760$

$7x = 4\,760 - 700 = 4\,060$

$x = 580$

よって，お弁当 1 個の値段は，580 円である。

問題 7-1　以下の問に答えなさい。

(1)　5 000 円を持って，同じ種類のお弁当を 8 個買ったら，お釣りが 680 円だった。このお弁当の 1 個の値段を求めなさい。

(2)　あるお弁当を 4 個と，それより 80 円高いお弁当を 5 個買ったら，4 900 円だった。これらのお弁当 1 個の値段を，それぞれ求めなさい。

(3)　あるお弁当を 9 個買った。そのうちの 4 個はライス大盛(100 円増し)，1 個は半ライス(50 円引き)にしたところ，合計金額は 5 390 円だった。このお弁当の 1 個の値段を求めなさい。

(4)　あるお弁当を 1 個買った。120 円のお茶をセットで買えばお弁当を 2 割引にしてくれるというのでお茶も 1 本買ったが，お弁当だけを買うより 10 円高くなってしまった。このお弁当のもとの値段を求めなさい。

例題 7-2

4階建てのアパートがある。このアパートの各住戸の広さはすべて等しく、1階と2階には4戸、3階には3戸、4階には2戸ある。このアパートの住戸の面積の合計が 585 m²（廊下、階段などは含めない）のとき、1戸あたりの面積を求めなさい。

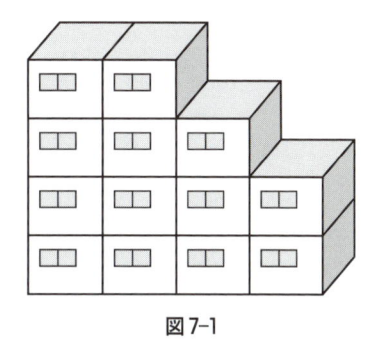

図 7-1

解説

全部で $4+4+3+2=13$ 戸あるので、1戸あたりの面積を x とすると、
$$13x = 585$$
$$x = 45$$
よって、1戸あたりの面積は、45 m² である。

問題 7-2
4階建てのアパートがある。住戸の広さは2種類あり、広い部屋は狭い部屋の 1.5 倍の面積で、狭い住戸が 7 戸、広い住戸が 6 個ある。このアパートの住戸の面積の合計が 832 m²（廊下、階段などは含めない）のとき、1戸あたりの面積を求めなさい。

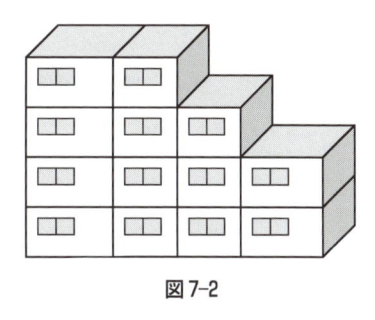

図 7-2

■コピー時の倍率

例題 7-3

300 分の 1 の縮尺の図面がある。この図面を 200 分の 1 の縮尺にするには、何 % の倍率でコピーすればよいか。

解説

$x\%$ の倍率でコピーすると考えて、方程式を立てると、

7.1 未知数を文字にして等式を立てる

$$\frac{1}{300} \times \frac{x}{100} = \frac{1}{200}$$

$$\frac{x}{100} = \frac{1}{200} \times \frac{300}{1} = \frac{300}{200} = \frac{3}{2}$$

$$x = \frac{3}{2} \times 100 = 150$$

よって，150%

注 分数の苦手な人は，「1：300 の図面と 1：200 の図面の比は 2：3 であるので，コピー時の倍率は $\frac{2}{3}$ か $\frac{3}{2}$ のどちらか ⇒ 67% か 150% のどちらか ⇒ 例題の場合には図面は拡大しないといけないので 150%」と考えてもよいだろう．

問題 7-3 以下の問に答えなさい．

(1) 150 分の 1 の縮尺の図面をコピーして 400 分の 1 の縮尺にしたい．コピー時の倍率は何% にすればよいか．

(2) 50% に縮小した図面を，さらに何% かの倍率でコピーしたら，もとの図面の 60% になった．2 度目のコピーは，何% の倍率で行ったか．

(3) 500 分の 1 の縮尺の図面をコピーして 100 分の 1 の縮尺にしたい．使用するコピー機の倍率の範囲は 25%～400% である．どのようにコピーすればよいか．

(4) 縮尺のわからない図面で，1.8 m と書かれた部分の長さを定規で測ったら 12 mm であった．この図面の縮尺はいくつか．また，この図面を 100 分の 1 の縮尺にしたいとき，コピー時の倍率は何% にすればよいか．

(5) 木造住宅の図面を描くために，4.55 mm の方眼紙がほしい．手元に 5 mm の方眼紙があるとき，この方眼紙を何% でコピーすればよいか．

7.2 未知数を文字にして不等式を立てる

前節では，等式を立てて x の値を求めた．本節では，不等式を立てて x の値を求める．基本的な式の立て方・解き方は等式の場合と同じだが，不等式では，出てきた解を満たす最大・最小の数が答えとなる．設問に対して適切な答えを導き出そう．

■天井高

居室の天井高は，2.1 m 以上にしなければならない．

場所によって天井の高さが異なる場合，天井高は，「室の体積÷床面積」で求められる．

ある方向に同一の断面を有する場合には，その断面の方向について

「室の断面積÷断面の床の長さ」

で求められる（図 7-3 の場合，天井高 $= \dfrac{S}{l}$）．

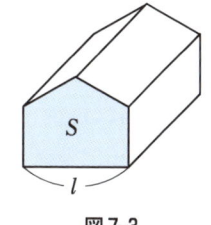

図 7-3

例題 7-4

かまぼこのような，断面が半円状で細長い居室を作りたい．以下の問に答えなさい．

(1) 半径を r として，この居室の断面積 S を r を用いた式で表しなさい．
(2) 断面の床の長さ l を，r を用いた式で表しなさい．
(3) (1), (2) より，この居室の天井高を r を用いた式で表しなさい．
(4) (3) が 2.1 m 以上でなければならない．不等式を立てなさい．
(5) この居室の半径を何 m 以上にしなければならないか，小数第 2 位まで求めなさい．

解説

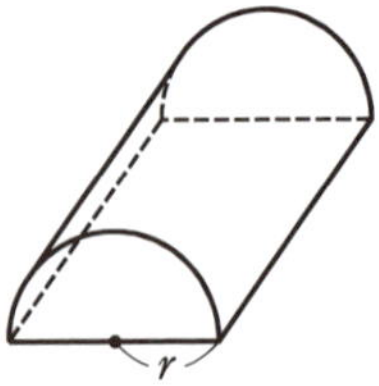

(1) 半円の面積なので，$S = \dfrac{\pi r^2}{2}$

(2) 断面の床の長さは，円の直径になるので，$l = 2r$

(3) 天井高は，$\dfrac{S}{l} = \dfrac{\pi r^2}{2} \times \dfrac{1}{2r} = \dfrac{\pi r}{4}$

(4) $\dfrac{\pi r}{4} \geqq 2.1$

(5) $\dfrac{\pi r}{4} \geqq 2.1$　　$r \geqq \dfrac{8.4}{\pi}$　　$r \geqq 2.675\cdots$　　よって，2.68 m 以上とする。

　　（〜以上にしなければならないという場合は，四捨五入ではなく切上げ）

問題 **7-4**　中心角が 90°の扇形の断面の居室を作る場合には，半径を何 m 以上にしないければならないか。半径を r として不等式を立て，求めなさい。

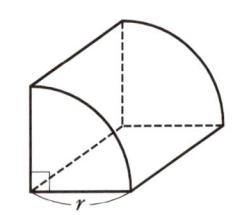

問題 **7-5**　半球状の部屋を作りたい。平均天井高を 3 m 以上にするには，直径を何 m 以上にしなければならないか。半径を r として不等式を立て，求めなさい。居室の天井高は「室の体積÷床面積」で求められ，球の体積 V は $V = \dfrac{4}{3}\pi r^3$ で求められる。

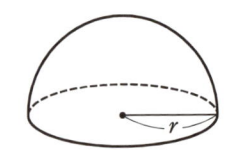

■**自然換気**

居室では，新鮮な空気を得るために，床面積に対し $\dfrac{1}{20}$ 以上面積の開口部（窓など）が必要とされている。引き違い窓では，最大で半分までしか開かないので，換気に有効な開口部は開口部の内法面積の $\dfrac{1}{2}$ となる。

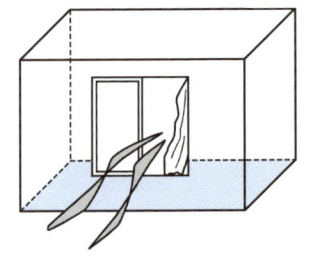

図 7-4

例題 7-5

内法寸法が，幅 1 650 mm，高さ 900 mm の引き違いの窓がある。以下の問に答えなさい。なお，窓の開口部は床面積の $\frac{1}{20}$ 以上必要とされるものとする。

(1) 窓面積を求めなさい。
(2) 換気に有効な開口部の面積を求めなさい。
(3) 床面積を A として，換気のために必要な開口部の面積を A を用いて表しなさい。
(4) (2)と(3)より，不等式を立て，解きなさい。
(5) 1帖の面積を 1.656 m² とすると，何帖の部屋まで計画可能か。

解説

(1) $1.650 \, \text{m} \times 0.900 \, \text{m} = 1.485 \, \text{m}^2$

(2) $1.485 \, \text{m}^2 \times \frac{1}{2} = 0.742\,5 \, \text{m}^2$

(3) 床面積の $\frac{1}{20}$ なので，$\frac{A}{20}$

(4) (2)が(3)よりも大きければよいので，

$\frac{A}{20} \leqq 0.742\,5$　これを解いて，$A \leqq 14.85 \, \text{m}^2$

(5) $\frac{14.85}{1.656} = 8.9\cdots$

よって，8帖の部屋まで計画可能である。

問題 7-6 ある部屋に，内法寸法が幅 1 650 mm・高さ 1 100 mm の窓がある。換気に有効な開口部が他にない場合，何帖の部屋まで計画可能か。

■ **高さ制限**

建築物の高さの限度はさまざまな要因によって定められており，道路や隣地に近づくほど，高さの限度が低くなる。

「第一種・第二種低層住居専用地域」と呼ばれる地域では，隣地への採光に悪影響を与えないように，北側の高さが厳しく制限されている。建築物の高さ h は，北側の境界から d m 離れた点では「5 m + d × 1.25」（図7-5の点線）より低くする必要がある。

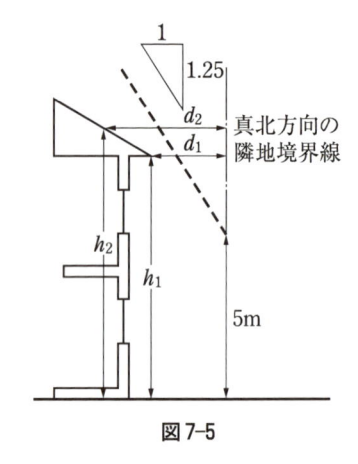

図 7-5

例題 7-6

第二種低層住居専用地域内で，図7-6のような2階建ての住宅を計画する。A点の高さが6.6 m のとき，以下の問に答えなさい。

(1) A点での高さの限度を，d を用いた式で表しなさい。
(2) (1)とA点の高さの関係を，不等式で表しなさい。
(3) (2)を解き，d の最低限度を求めなさい。
(4) A点は，壁心から500 mm 離れている。壁心は境界線から何m後退する必要があるか。

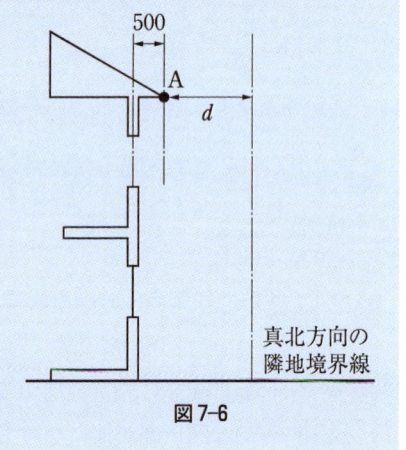

図 7-6

解説

(1) A点での高さの限度は，5 m + d × 1.25 であるので，$1.25d + 5$
(2) A点の高さ6.6 m が(1)で求めた限度以下なので，$6.6 \leqq 1.25d + 5$
(3) (2)を解いて，$d \geqq 1.28$　　よって，d の最低限度は 1.28 m
(4) $1.28 + 0.5 = 1.78$　　よって，1.78 m 後退する必要がある。

[問題] **7-7** 例題7-6で，A点の高さが7.0 mのときの，d の値を求めなさい。またそのとき，壁面は境界線から何m後退する必要があるか。

■採光

室内で快適な環境を得るためには，窓からの採光が必要であり，部屋が広くなれば窓面積も多く必要になってくる。居室は，床面積に対してある割合以上の採光面積が必要で，その割合は室の用途によって定められている。

また，窓の位置等によって得られる採光が異なってくる。そのため，隣地境界線からの距離と窓の高さによって，採光面積を増減する補正係数の算出法が定められている。この補正係数は，隣地から離れているほど，上部の階になるほど，大きくなる。

例題 7-7

図7-7のような断面を持つ保育所の1階に，保育室（床面積70 m²）を計画する。以下の問に答えなさい。

(1) 保育室の場合，床面積に対して $\frac{1}{5}$ 以上の採光面積が必要である。採光面積は何m²以上必要か。

(2) 窓は1か所で，幅が2.5 m，高さが2 mである。この窓の窓面積を求めなさい。

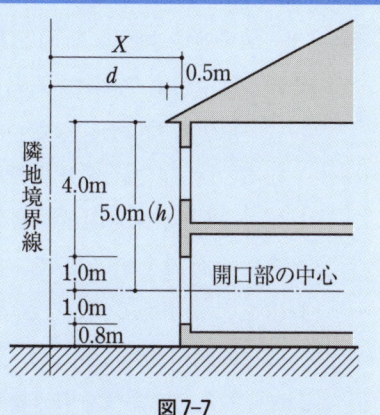

(3) 「補正係数」が $\frac{d}{h} \times 10 - 1.0$ で求められるとき，$h = 5$ のときの補正係数を，d を用いた式で表しなさい。

(4) (2)の窓面積に(3)の補正係数をかけた数値が，(1)で求めた採光面積以上とならなければならない。不等式を立てなさい。

(5) d の最小値を求めなさい。

(6) 隣地境界線からの後退距離 X の最小値を求めなさい。

図7-7

解説

(1) 床面積が $70\,\text{m}^2$ なので，$70\,\text{m}^2 \times \dfrac{1}{5} = 14\,\text{m}^2$

採光面積は $14\,\text{m}^2$ 以上必要。

(2) $2.5\,\text{m} \times 2\,\text{m} = 5\,\text{m}^2$

窓面積は $5\,\text{m}^2$

(3) $\dfrac{d}{5} \times 10 - 1.0 = 2d - 1.0$

(4) $5\,\text{m}^2 \times (2d - 1.0) \geqq 14\,\text{m}^2$

(5) (4)を解いて，$2d - 1.0 \geqq 2.8$　　$2d \geqq 3.8$　　$d \geqq 1.9$

よって，d の最小値は $1.9\,\text{m}$

(6) $X = d + 0.5 = 1.9 + 0.5 = 2.4$

X の最小値は $2.4\,\text{m}$

問題 7-8 図7-8のような断面を持つ住宅の1階に居室を計画する場合について，以下の問に答えなさい。

(1) 住宅の居室の場合，床面積に対して $\dfrac{1}{7}$ 以上の採光面積が必要である。床面積を A として，採光面積を A を用いて表しなさい。

(2) 居室の開口部は，幅 $2\,\text{m}$・高さ $2\,\text{m}$ である。窓面積を求めなさい。

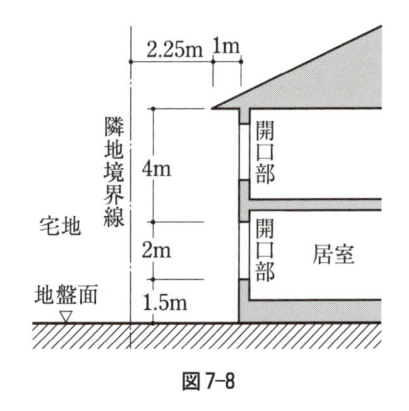

(3) 「補正係数」が $\dfrac{d}{h} \times 6 - 1.4$ で求められるとき，$h = 5$，$d = 2.25$ のときの補正係数を求めなさい。

(4) (2)の窓面積に(3)の補正係数をかけた数値が，(1)の採光面積以上とならなければならない。不等式を立てなさい。

(5) (4)の不等式を解き，A は最大で何 m^2 になるか求めなさい。

(6) A を(5)で求めた数値より大きくしたい場合には，この建物の計画をどのように変更すればよいか。

図 7-8

■鉄筋量

　鉄筋コンクリートの柱において，柱の断面積に対する主筋全断面積の割合は，0.8% 以上にしなければならない。

> **例題 7-8**
>
> 　柱の寸法が 500 mm×500 mm のとき，次の問に答えなさい。
> (1) 柱の断面積 [mm²] を求めなさい。
> (2) 必要な主筋全断面積 [mm²] を求めなさい。
> (3) 鉄筋1本の断面積が 2.85 cm² のとき，鉄筋 x 本の断面積を x を用いて表しなさい。
> (4) (2)と(3)の関係を，不等式で表しなさい。（単位をそろえること）
> (5) 鉄筋は何本以上必要か求めなさい。
>
> 図 7-9

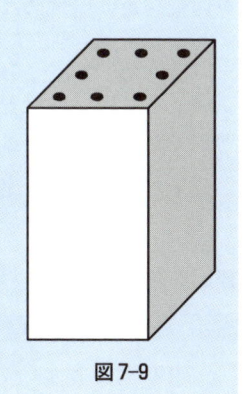

解説

(1) 柱の断面積は，$500 \times 500 = 250\,000$ mm²

(2) (1)の 0.8% 必要なので，$250\,000 \times 0.008 = 2\,000$ mm²

(3) $2.85x$ cm²，または $285x$ mm²

(4) $285x \geqq 2\,000$　　（単位は mm² で統一）

(5) (4)を解いて，$x \geqq 7.01\cdots$　　　x は整数なので，8本以上必要。

問題 7-9　例題 7-8 において，断面積が 3.88 cm² の鉄筋を用いると，鉄筋は何本以上必要か求めなさい。

問題 7-10　柱の寸法が 600 mm×700 mm で，断面積が 3.88 cm² の鉄筋を用いると，鉄筋は何本以上必要か求めなさい。ただし，鉄筋の本数は偶数とする。また，主筋の配置を，図 7-10 に書き込みなさい。

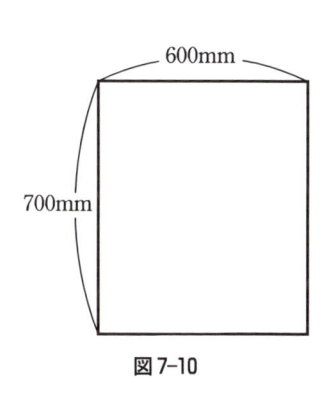

図 7-10

7.3　公式を利用して大小関係・比を求める

　公式があり，その値を計算するときには，わかっている数値をすべて代入して計算すればよい。しかし，「大小関係」「比」「何倍になるか」といったことを比較したい場合には，数値をすべて代入すると計算が複雑になってしまうことがある。

　比などを求めたい場合には，公式をよく見て，どこを比較すればよいのかを考えてから代入し計算する。また，共通の分母がある場合には，分母は払わずに分子だけ計算して比較すればよい。

■比を求める

例題 7-9

　底面積の等しい立体 A，B，C がある。この立体の体積 V_A，V_B，V_C の比を求めなさい。

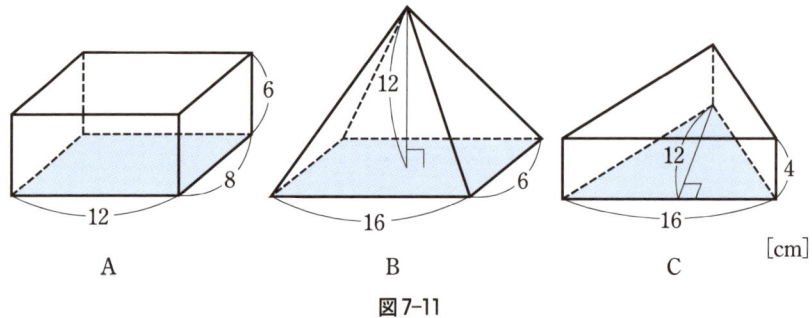

図 7-11

解説

　底面積を S，高さを h とすると，

　　四角柱，三角柱の体積は　　　$V = Sh$

　　四角すいの体積は　　　$V = \dfrac{Sh}{3}$

であるので，体積比は

$$V_A : V_B : V_C = S_A h_A : \dfrac{S_B h_B}{3} : S_C h_C$$

ここで，$S_A = S_B = S_C$ なので，公式にすべての数値を代入する必要はなく，S をのぞいた分で比較すると

$$V_A : V_B : V_C = h_A : \frac{h_B}{3} : h_C = 6 : \frac{12}{3} : 4 = 6 : 4 : 4 = 3 : 2 : 2$$

問題 **7-11** 点光源によるある点での直接照度は，光源の光度を I，点光源からの距離を r，照射角を θ とすると，

$$\frac{I}{r^2}\cos\theta$$

で表される。

A 点の照射角が 0°，B 点の照射角が 60°のとき，A 点と B 点の照度の比を求めなさい。

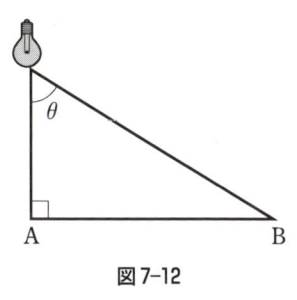

図 7-12

■大小関係を求める

例題 7-10

残響時間 t（音源が発音を止めてから，残響音が 60 dB 減衰するまでの時間）は，部屋の容積を V，部屋の吸音力（材料の吸音率と面積をかけたもの）の合計を A とすると，

$$t = 0.161\frac{V}{A}$$

	部屋の容積 [m³]	吸音力の合計
(1)	80	20
(2)	100	20
(3)	120	30
(4)	150	30
(5)	165	30

で表される。(1)〜(5)の部屋の中で，最も残響時間が最も長いのはどれか。

解説

分母の A の等しいもの同士で比較すると，分子の V が大きいものほど t は長くなる。(1)と(2)では，分子は(2)の方が大きく，(3)〜(5)では，分子は(5)が最も大きい。

$t = 0.161\frac{V}{A}$ の 0.161 は共通であるので，(2)と(5)で $\frac{V}{A}$ を比較すると，

$\frac{V}{A}$ は，　(2)は $\frac{100}{20} = 5$　　(5)は $= \frac{165}{30} = 5.5$

であるので，(5)の部屋が最も残響時間が長い。

問題 7-12　建物の内外で温度差があると，建物内の開口部を自然に空気が流れ，換気される(煙突効果という)。この自然換気による換気量は，開口部の面積を A，開口部中央の高低差を H，外気温を t_o，室温を t_i とすると，

$$A \cdot \sqrt{H} \cdot \sqrt{t_i - t_o}$$

に比例する。次のA〜Dを，換気量の大きい順に並べなさい。

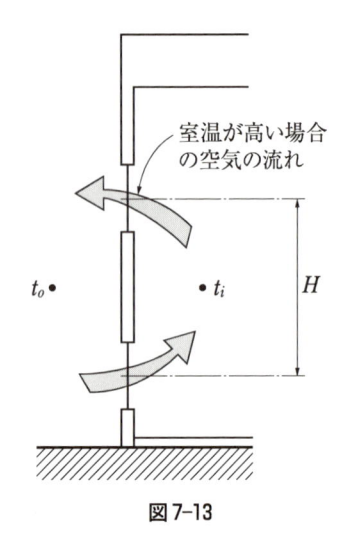

	開口部面積 [m²]	高低差 [m]	室温 [℃]	外気温 [℃]
A	10	4	30	21
B	8	5	30	25
C	8	9	28	24
D	5	20	24	19

図 7-13

7.4 公式を利用して値の変化を求める

■比例・反比例から，何倍になるか？

ある事象の公式が1つの積の形で表されている場合には，ある項の値が変化したとき，その事象の式の値は，

- 分子の1乗の項が2倍 ⇒ 2倍（ある項に比例する）
- 分子の2乗の項が2倍 ⇒ 4倍（ある項の2乗に比例する）
- 分子の3乗の項が2倍 ⇒ 8倍（ある項の3乗に比例する）
- 分母の1乗の項が2倍 ⇒ $\frac{1}{2}$倍（ある項に反比例する）
- 分母の2乗の項が2倍 ⇒ $\frac{1}{4}$倍（ある項の2乗に反比例する）
- 分母の3乗の項が2倍 ⇒ $\frac{1}{8}$倍（ある項の3乗に反比例する）

と変化する。つまり，分子の項に比例し，分母の項に反比例する。その項が2乗・3乗だったときには，その項の2乗・3乗に比例・反比例する。

例えば，円の面積の公式は，面積をS，半径をr，円周率をπとすると，

$$S = \pi r^2$$

と表されるので，円の面積は半径の2乗に比例し，半径が4倍になれば面積は4^2で16倍になる。

例題 7-11

以下の場合，式の値は何倍になるか。

(1) $\frac{wl^2}{8}$で，wが3倍になったとき

(2) $\frac{wl^2}{8}$で，lが3倍になったとき

(3) $\frac{wl^2}{8}$で，wが2倍，lが$\frac{1}{2}$倍になったとき

(4) $C \times \frac{Wl^3}{EI}$で，lが2倍，Eが4倍になったとき

(5) $C \times \frac{Wl^3}{EI}$で，Wが4倍，lが$\frac{1}{2}$倍，Eが$\frac{1}{2}$倍になったとき

解説

(1) 分子の 1 乗の項が 3 倍になったので，3 倍になる。
(2) 分子の 2 乗の項が 3 倍になったので，9 倍になる。
(3) 「分子が 2 倍×分子が $\frac{1}{4}$ 倍」なので，$\frac{1}{2}$ 倍になる。
(4) 分子が 8 倍，分母が 4 倍なので，2 倍。
(5) 「分子が 4 倍×分子が $\frac{1}{8}$ 倍」，分母が $\frac{1}{2}$ 倍なので，1 倍(変わらない)。

注　これらは，建築構造力学を学習するときに扱う式である。$M_{\max} = \frac{wl^2}{8}$ は，単純梁に等分布荷重が作用したときの最大曲げモーメントを求める式で，$\delta = C \times \frac{Wl^3}{EI}$ は，梁に集中荷重が作用したときの最大たわみを求める式である。

問題 **7-13** P_k が次の式で表されるとき，(1)〜(5)の記述について，正しいものには○を，誤っているものには×を付けなさい。

$$P_k = \frac{\pi^2 EI}{l_k^2}$$

(1) P_k の値は，l_k が大きい方が小さい。
(2) P_k の値は，l_k に反比例する。
(3) P_k の値は，EI に比例する。
(4) P_k の値は，E が 2 倍・I が 3 倍になると 5 倍になる。
(5) P_k の値は，E が 2 倍・l_k が 2 倍になると $\frac{1}{2}$ 倍になる。

注　$\frac{\pi^2 EI}{l_k^2}$ は柱の弾性座屈荷重を求める式である。

補充問題

例題 1

長方形の土地があり，長辺は短辺よりも 4 m 長い。この土地の面積が 96 m² のとき，この土地の長辺と短辺の長さを求めなさい。

解説 短辺を x m とすると，長辺は $(x+4)$ m と表される。

$x \times (x+4) = 96$

$x^2 + 4x - 96 = 0$

$(x+12)(x-8) = 0$

$x = 8, -12$　　x は長さなので $x > 0$ より，$x = 8$

よって，短辺が 8 m，長辺が 12 m である。

問題 1　次の問に答えなさい。
(1) 図1のような正方形の土地の面積が 144 m² のとき，1辺の長さを求めなさい。
(2) 図2のような長方形の土地の面積が 128 m² のとき，縦の長さと横の長さを求めなさい。

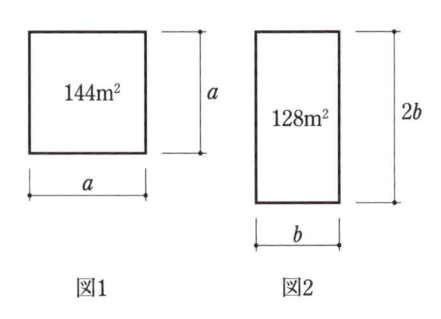

図1　　図2

例題 2

800 kN の力を受ける柱があり，その力を底面が正方形の基礎で受ける。この基礎を支持する地盤の支持力が 200 kN/m² のとき，この基礎の一辺の長さは何 mm 以上にしなければならないか。

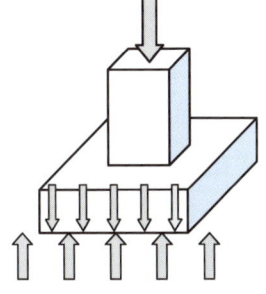

解説　基礎の 1 辺の長さを x [m] とすると，基礎の面積は x^2 [m²] となる。

基礎底面に作用する力を地盤の支持力以下にしないといけないので，

$$\frac{800\,\text{kN}}{x^2[\text{m}^2]} \leqq 200\,\text{kN/m}^2$$

$$x^2 \geqq \frac{800}{200} = 4 \quad \text{これを解いて，} x \leqq -2,\ x \geqq 2$$

x は長さなので $x > 0$ より，$x \geqq 2\,\text{m}$

よって，1 辺の長さを 2 000 mm 以上としなければならない。

問題 2 例題 2 において，荷重が 375 kN，地盤の支持力が 60 kN/m² のとき，基礎の 1 辺の長さは何 mm 以上にしなければならないか。

例題 3

A 4 用紙を A 3 用紙にするには，何 % の倍率でコピーすればよいか。

解説 x 倍の倍率でコピーすると，面積は x^2 倍になる。A 3 用紙は，A 4 用紙 2 枚分の大きさであるので，面積は 2 倍になる。よって，

$$x^2 = 2 \quad x = \pm\sqrt{2} \quad x > 0 \text{ なので，} x = \sqrt{2} \fallingdotseq 1.414\,2\cdots$$

よって，1.41 倍の倍率(141%)でコピーすればよい。

問題 3 A 2 用紙で 1/100 の縮尺の図面がある。これを A 3 用紙にするには，何 % の倍率でコピーすればよいか。また，そのときの図面の縮尺は何分の 1 になるか。

例題 4

ある紙から正方形を切り取ったら，元の紙と同じ形になった。この時，元の紙の辺の長さ x と a の比を求めなさい。

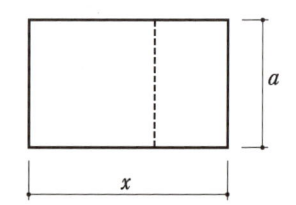

解説 $x : a = a : x-a$ より $a^2 = x^2 - ax$

$x^2 - ax - a^2 = 0$

解の公式より，$x = \dfrac{a \pm \sqrt{5a^2}}{2} = \dfrac{a(1 \pm \sqrt{5})}{2}$

よって，$x : a = \dfrac{a(1+\sqrt{5})}{2} : a = \dfrac{1+\sqrt{5}}{2} : 1 ≒ 1.62 : 1$

問題 4　ある紙を半分に折ったら，元の紙と同じ形になった。このとき，元の紙の辺の長さ a と b の比を求めなさい。

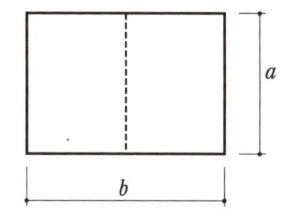

例題 5

平面形状が1辺7m正方形の住宅に，切妻で5寸勾配（$\dfrac{5}{10}$ 勾配）の屋根を右の図のようにかけた場合の，桁から最高部までの高さを求めなさい。屋根の厚みは考慮しなくてよい。

また軒の出が500 mmのとき，右の図の x の長さを求め，屋根面の面積を求めなさい。

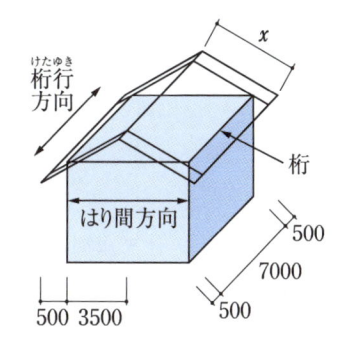

解説

屋根勾配が $\dfrac{5}{10}$ で，桁から棟（屋根の中央）部分までの横の長さが 3 500 mm なので，桁から屋根の最高部までの高さは，

$3\,500 \times \dfrac{5}{10} = 1\,750$ mm

$\dfrac{5}{10}$ 勾配の屋根の斜辺の長さは，三平方の定理より，

$10 : 5 : 5\sqrt{5} ≒ 10 : 5 : 11.2$

横の長さは軒の出を含め $3\,500 + 500 = 4\,000$ なので，x の長さは，

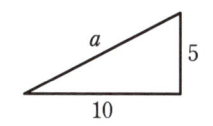

$x : 4\,000 = 11.2 : 10$

$x = \dfrac{4\,000 \times 11.2}{10} = 4\,480$ mm

屋根面の面積は，単位を mm から m に直して，

$8 \times 4.48 \times 2 = 71.68$ m^2

問題 5　例題5で，屋根勾配を3寸勾配（$\frac{3}{10}$ 勾配）にしたときの屋根面の面積を求めなさい。また，建物の建築面積に対して，3寸勾配のときの屋根面積と5寸勾配のときの屋根面積がそれぞれおよそ何倍になっているか求めなさい。

問題 6　平面形状が1辺8mの正方形の建物に，方形屋根（ピラミッドのように一点に棟が集まった形状の屋根）をかける。屋根勾配を $\frac{7.5}{10}$（$\frac{3}{4}$）にしたときの屋根面積を求めなさい。ただし，軒の出はないものとする。

例題 6

底面の半径が r，高さが h の円錐がある。この円錐を，高さ $\frac{h}{2}$ の部分で切断し，小さい円錐Aと残りの部分Bとに分ける。このとき，Aの体積 V_A とBの体積 V_B の比を求めなさい。

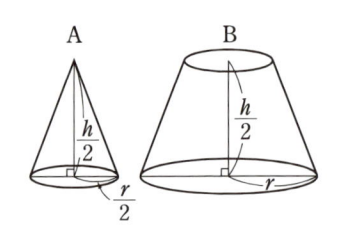

解説　円すいの体積の比率 $V = \dfrac{\pi r^2 \cdot h}{3}$ の共通の部分を除いた $r^2 h$ の比較でよい。

もとの円すいは，底面の半径が r，高さが h なので，$V_A + V_B = r^2 h$

円すいAは，底面の半径が $\frac{r}{2}$，高さが $\frac{h}{2}$ なので，

$$V_A = \left(\frac{r^2}{2}\right) \cdot \frac{h}{2} = \frac{1}{8} r^2 h$$

よって，

$$V_A : V_A + V_B = \frac{1}{8} r^2 h : r^2 h = 1 : 8$$

$$V_A : V_B = V_A : (V_A + V_B) - V_A = 1 : 8 - 1 = 1 : 7$$

問題 7　例題6で，円錐Aの高さが $\frac{2}{3}h$，残りの部分Bの高さが $\frac{h}{3}$ となるように切断するとき，Aの体積とBの体積の比を求めなさい。

第8章　力を扱う建築事象

　序章でも触れましたが，建築設計では荷重（外力）による建築物の倒壊や人命の損失を必ず防がなければならず，建築物の安全性は構造計算により検討されます。皆さんは本書で建築数理を学んだ後に構造計算の基礎である建築構造力学を学びます。将来，構造設計に関連する職業に就かなくても，一級建築士や二級建築士の資格試験では「建築構造」が必ず出題されるため，その基礎となる建築構造力学をしっかり理解しなければなりません。ここでは，その入門となる力のつりあいを学びましょう。

サグラダ・ファミリア

スペインのバルセロナに建設中の教会で，スペインの建築家アントニ・ガウディの代表作の1つ。大型模型や紐と錘（おもり）を用いた実験により構造安全性の検討を行ったとされています。

東京国際フォーラム

アメリカの建築家ラファエル・ヴィニオリが設計。写真に示すガラス棟は船をモチーフにしており，その巨大な外観とともに構造を露出したデザインが特徴となっています。

8.1 力の合成と分解

ここでは，作用点が同じ2つ以上の力を合成したり分解したりする方法を学ぼう。

> **例題 8-1**
> 図8-1に示すように2人で1つの荷物をロープで引張っている。2人の力の合力の大きさ P [N] を求めなさい。

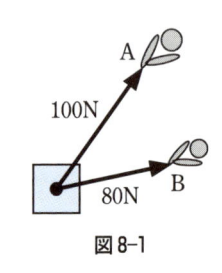

図8-1

解説

作用点が同じ2力の合力は，それらをつなぎ合わせることで求めることができる。

まず，図8-2のようにAの力はそのままで，Bの力の作用点をAの力の矢印の先に平行移動する。次に，Aの作用点とBの矢印の先を結ぶと，この力が合力になる。

この方法は力が2つ以上の場合でも同じように使うことができる。

解答 Aの力の大きさは 100 N で，図8-2でその長さを実測すると 2 cm である。合力の大きさは P [N] で，図8-2でその長さを実測すると 3.4 cm なので，これらの関係を比で表すと，

$$100\,\text{N} : 2\,\text{cm} = P : 3.4\,\text{cm}$$

となり，合力の大きさは，

$$P = 100\,\text{N} \times 3.4\,\text{cm} \div 2\,\text{cm} = 170\,\text{N}$$

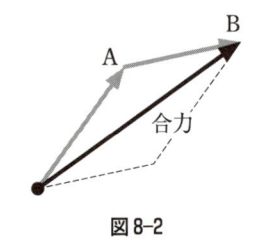

図8-2

例題8-1のように合力を求めることを**力の合成**という。

問題 8-1 図8-3に示すように原点Oに3つの力が作用している。これら3力の合力 P の大きさ [kN] を求めなさい。

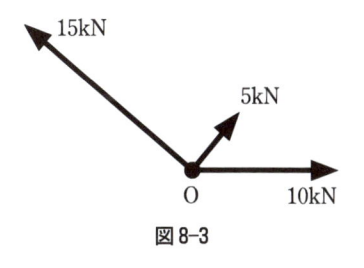

図8-3

例題 8-2

図8-4に示す $50\,\mathrm{kN}$ の力 P を水平方向(x 方向)の力 P_x と鉛直方向(y 方向)の力 P_y に分けて，それぞれの力の大きさを求めなさい。

図8-4

解説

図8-5に示すように力 P の作用点を原点として xy 座標軸をとる。このときの矢印の先の座標点が，それぞれ P_x と P_y の力の大きさを表している。

よって，座標を読み取ると，

$P_x = 30\,\mathrm{kN}$

$P_y = 40\,\mathrm{kN}$

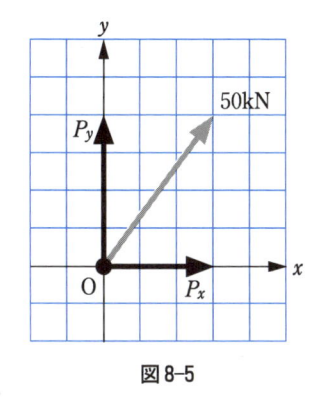

図8-5

例題8-2のように力を分けることを**力の分解**という。

8.1 力の合成と分解

問題 8-2 図8-6の①〜④の力 P を水平方向（x方向）の力 P_x と鉛直方向（y方向）の力 P_y に分けて，それぞれの力の大きさを求めなさい。方眼の1マスを1kNとする。

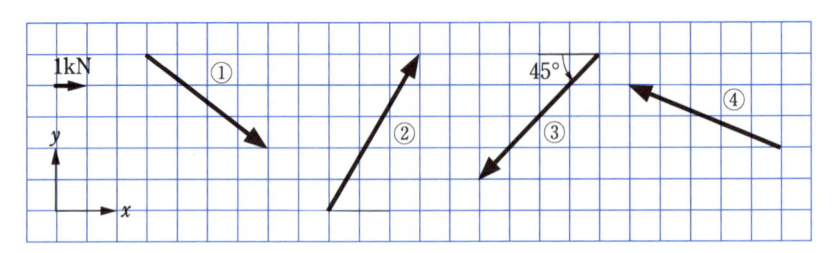

図 8-6

トピックス　ベクトルの性質

力のように大きさと向きをもつ量を**ベクトル**といいます。例題8-1でも学んだが，図8-7(a)の2力 P_a と P_b の合力 P は，(b)のように矢印をつなぎ合わせることで求めることができます。このとき，合力 P の水平方向（x方向）の力 P_x と鉛直方向（y方向）の力 P_y は，それぞれ以下のように表すことができます。

$$P_x = P_{ax} + P_{bx} \qquad P_y = P_{ay} + P_{by}$$

つまり，ベクトル同士を合成して得られたベクトルの成分は，もとのベクトルの各成分の和になっていることがわかります。

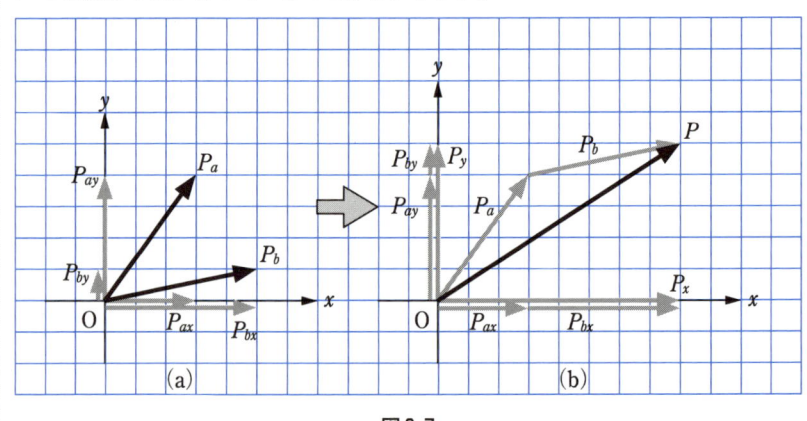

図 8-7

8.2 力のモーメント

前節では物体を一方向に移動させる力を扱った。ここでは，物体を回転させる作用を持つ力の**モーメント**について学ぼう。

例題 8-3

図 8-8 に示すようにボルトの中心から 20 cm の位置を持って，ナットをスパナで締め付けるときの力のモーメントの大きさ M [N・m] を求めなさい。

図 8-8

解説

力のモーメントの大きさ M は，力の大きさを P，回転の中心からのうでの長さを L とすると以下のように表される。

モーメント
= 力の大きさ×うでの長さ

すなわち $M = PL$

解答
力のモーメントの大きさは，
$M = 150 \,\text{N} \times 0.2 \,\text{m} = 30 \,\text{N・m}$

図 8-9

問題 8-3 例題 8-3 でボルトの中心から 10 cm の位置を持って締め付ける場合に必要な力の大きさ P' [N] を求めて，20 cm の位置を持って締め付ける場合と比較しなさい。

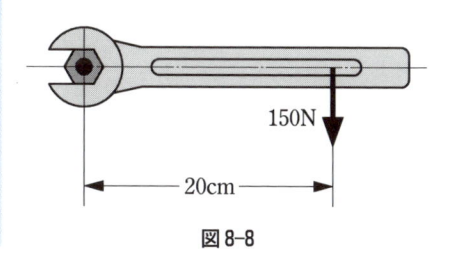

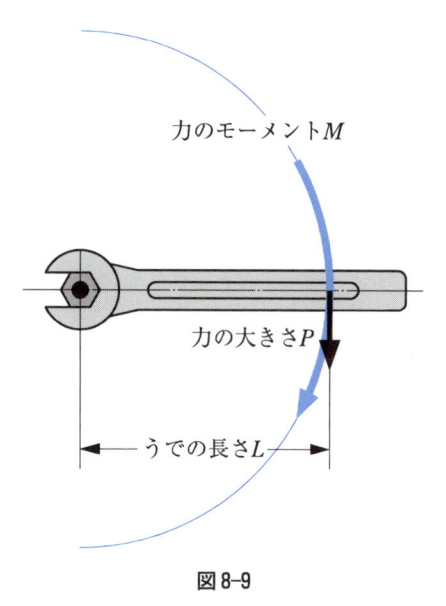

8.3 力のつり合い

前節までは物体が力を受けて移動したり回転したりする事象を扱った。ここでは，物体が静止している状態の力のつり合いについて学ぼう。

例題 8-4

図 8-10 に示すように質量 100 kg の荷物を斜面の上からワイヤーで引張っている。荷物が斜面上で静止しているとき，力 T [N] を求めなさい。斜面はなめらかであり，重力加速度の大きさは 9.8 m/s² とする。

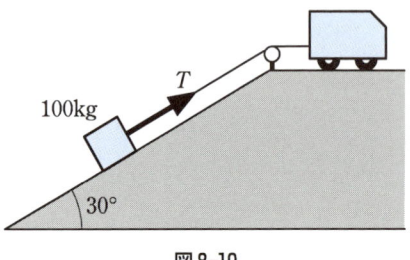

図 8-10

解説

図 8-11 に示すように，荷物に作用している力は重力による P とワイヤーによる T である。重力 P を斜面に平行な方向の力 P_1 とそれと直交する方向の力 P_2 に分解すると，P_1 と P の比は，

$$P_1 : P = 1 : 2$$

より，力 P_1 の大きさは，

$P_1 = P \div 2$
　　$= 100 \text{ kg} \times 9.8 \text{ m/s}^2 \div 2 = 490 \text{ N}$

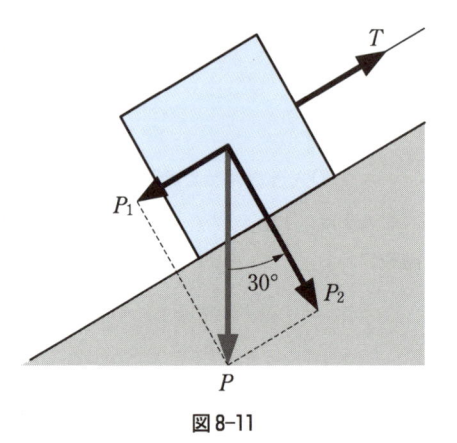

荷物が静止しているので，T と P_1 はつり合っており，

$T = P_1 = 490 \text{ N}$

図 8-11

問題 8-4 図8-12に示すように質量100 kgの荷物と質量200 kgの荷物を斜面の上からワイヤーで引張っている。荷物が斜面上で静止しているとき，力 T [N] を求めなさい。斜面はなめらかであり，重力加速度の大きさは $9.8\,\mathrm{m/s^2}$ とする。

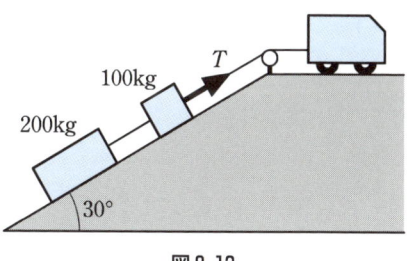

図8-12

例題 8-5

図8-13に示すように親子がシーソーで遊んでいる。バランスを取るためには親は支点からどの位置に乗ればよいか求めなさい。重力加速度の大きさは $9.8\,\mathrm{m/s^2}$ とする。

図8-13

解説

子供がシーソーに乗ることによってシーソーは支点を中心として図8-14に示すように反時計回りに回ろうとする。このときの力のモーメントの大きさは，

$30\,\mathrm{kg} \times 9.8\,\mathrm{m/s^2} \times 3\,\mathrm{m} = 882\,\mathrm{N \cdot m}$

同じように，親がシーソーに乗ることによってシーソーは支点を中心として図8-15に示すように時計回りに回ろうとする。支点から親が乗る位置までの距離を x [m] とすると，親による力のモーメントの大きさは，

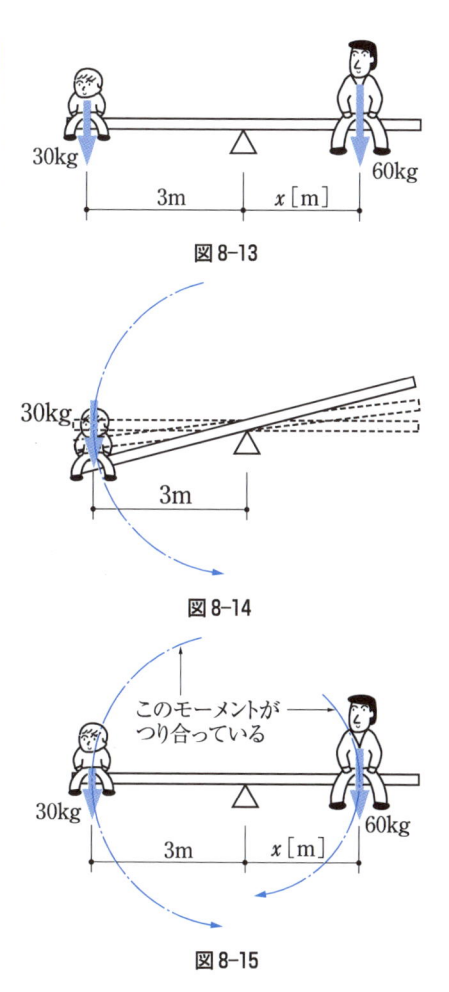

図8-14

図8-15

8.3 力のつり合い

$$60\,\text{kg} \times 9.8\,\text{m/s}^2 \times x\,[\text{m}] = 588x\,[\text{N·m}]$$

子供による力のモーメントと親による力のモーメントの大きさが等しいときにシーソーはつり合うことになり，

$$882\,\text{N·m} = 588x\,[\text{N·m}]$$

よって，支点から親が乗る位置までの距離は，

$$x = 882\,\text{N·m} \div 588\,\text{N} = 1.5\,\text{m}$$

問題 8-5 図8-16のように梁のA端を壁に取り付け，天井のC点から梁のB端をワイヤーで吊っている。梁が水平を保って静止しているとき，ワイヤーの張力 T [N] を求めなさい。梁の自重による重力は1 200 Nで，梁の重心に作用する。

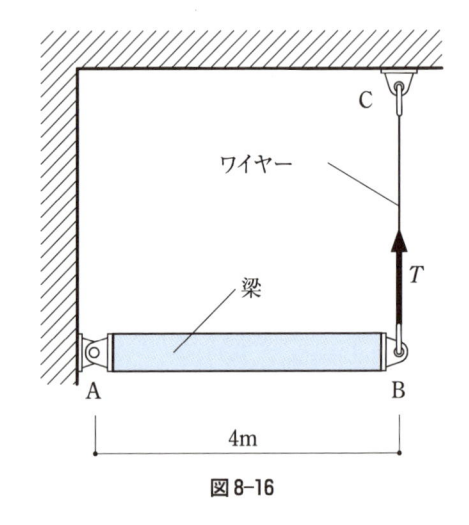

図 8-16

問題 8-6 図8-17のように滑らない面の上に置いてある石柱に水平力 P が作用している。石柱が浮き上がり始めるときの水平力 P [N] を求めなさい。石柱の自重による重力は800 Nで，石柱の重心に作用する。

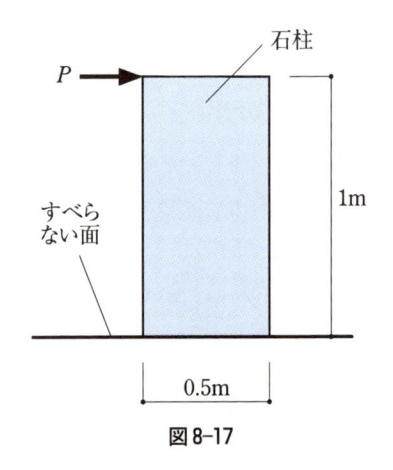

図 8-17

例題 8-6

図8-18のように重さが無視できる物体に2力が作用しており，このままでは物体が回転してしまう。この物体が静止状態を保つために必要な力 P の大きさと作用点を求めなさい。

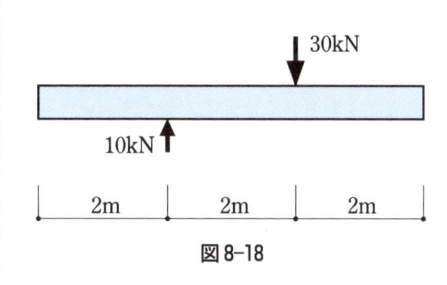

図 8-18

解説

例題8-5，問題8-5や問題8-6では物体が回転する支点がわかっていたが，この例題ではそれがわからない。このような場合は，まず鉛直方向の力のつり合いから力の大きさを求め，次に好きな位置で力のモーメントのつり合いを考えて力の作用点を求めればよい。

解答　まず，鉛直方向の力のつり合いは，

$$P[\text{kN}] + 10\,\text{kN} = 30\,\text{kN}$$

よって，力の大きさは，

$$P = 30\,\text{kN} - 10\,\text{kN} = 20\,\text{kN}$$

次に，図8-19に示すように点Aを取り，力 P までの距離を x [m] とする。点Aに関する力のモーメントのつり合いは，

$$10\,\text{kN} \times 2\,\text{m} + P \times x = 30\,\text{kN} \times 4\,\text{m}$$

よって，力 P の作用点は，

$$x = (120\,\text{kN·m} - 20\,\text{kN·m}) \div 20\,\text{kN} = 5\,\text{m}$$

図 8-19

問題 8-7　例題8-6で，力 P の作用点を求めるとき，力のモーメントのつり合いは好きな位置で考えればよいと述べた。試しに，点A以外に好きな位置を決めて力 P の作用点を求めなさい。

問題 **8-8** 図 8-20 のように重さが無視できる物体に 3 力が作用している。この物体が静止状態を保つために必要な力 P の大きさと作用点を求めなさい。

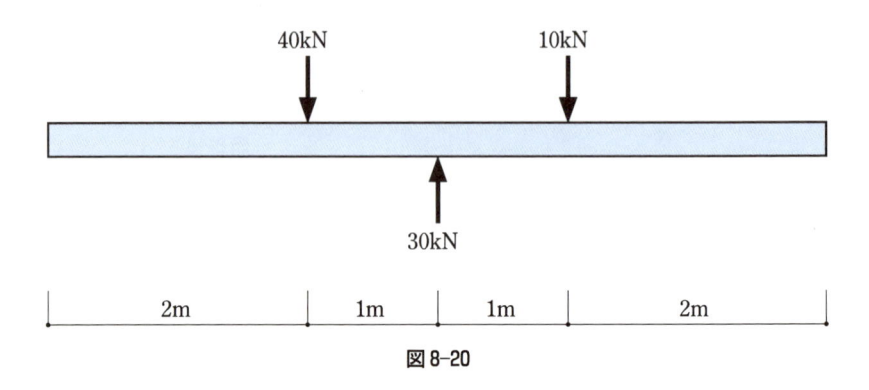

図 8-20

問題 **8-9** 図 8-21 に示すように重さが無視できる物体に 4 力が作用してつり合っている。力 P_a が 10 kN のとき，その他の 3 力 P_b，P_c，P_d の大きさを求めなさい。

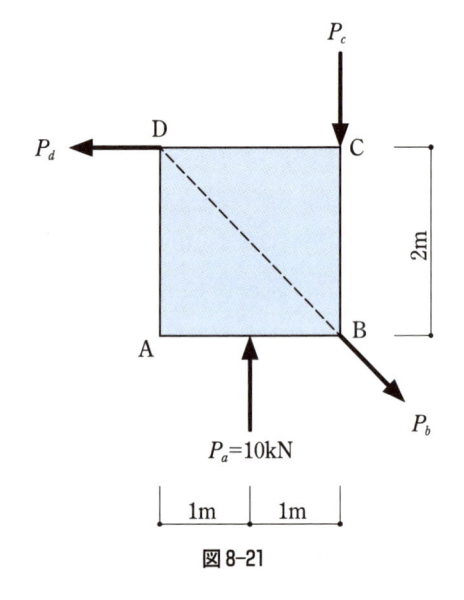

図 8-21

8.4 力と変形の関係

物体に力が作用すると，その物体は変形する。ここでは，建築物に使用されている代表的な材料を対象として，力と変形の関係を学ぼう。

例題 8-7

図 8-22 に示すように直径 1 cm で長さ 1 m の丸鋼の両端を 15 kN の力で引っ張る実験を行った。このときの丸鋼の伸び量 δ を求めなさい。鋼材のヤング係数は $E = 20\,500$ kN/cm^2 とする。

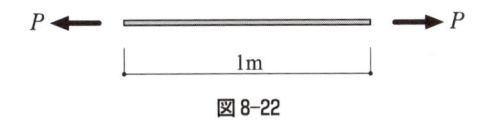

図 8-22

解説

図 8-22 のような力 P を受ける物体の変形量 δ は，力を受ける前の物体の断面積を A，長さを L とすると，次の式で求めることができる。

$$\text{変形量} = \frac{\text{力} \times \text{長さ}}{\text{ヤング係数} \times \text{断面積}} \quad \text{すなわち} \quad \delta = \frac{PL}{EA}$$

解答 丸鋼の断面積 A は半径が 0.5 cm なので，

$A = 0.5 \text{ cm} \times 0.5 \text{ cm} \times 3.14 = 0.785 \text{ cm}^2$

よって，丸鋼の伸び量 δ は，

$$\delta = \frac{15 \text{ kN} \times 100 \text{ cm}}{20\,500 \text{ kN/cm}^2 \times 0.785 \text{ cm}^2} \fallingdotseq 0.093\,2 \text{ cm}$$

例題 8-7 で示したように，車 1 台(質量：約 1.5 t)に直径 1 cm で長さ 1 m の丸鋼を接合して引張り上げると，丸鋼は約 1 mm 伸びることがわかる。

問題 8-10　図 8-23 に示すように 2 本の H 形断面柱が 2 000 kN の力を支えている。柱の断面サイズは H−150×150×10×20 である。このときの柱の縮み量 δ [cm] を求めなさい。鋼材のヤング係数は $E = 20\,500$ kN/cm^2 とし，柱の重さは無視する。

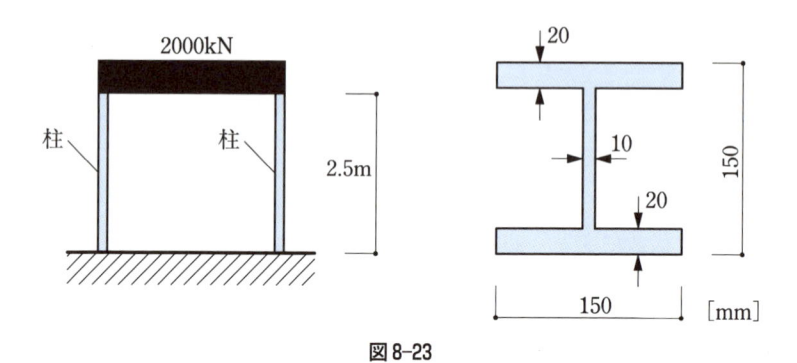

図 8-23

例題 8-8

図 8-24 に示すように壁からコンクリートの梁が出ている。この梁の先端に 10 kN の力が作用しているとき，この位置の変形量 δ [cm] を求めなさい。

梁の断面サイズは梁せい 30 cm，梁幅 20 cm（断面二次モーメント $I = 45\,000$ cm^4）である。コンクリートのヤング係数は $E = 2\,000$ kN/cm^2 とし，梁の重さは無視する。

図 8-24

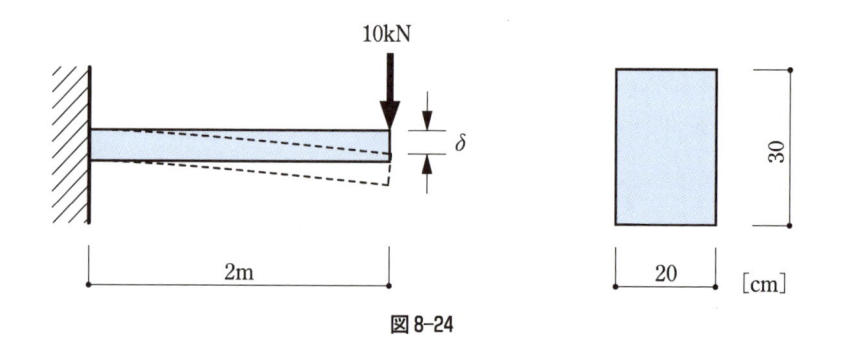

解説

　図8-24のような梁の状態を**片持ち梁**という。この片持ち梁の先端に鉛直力が作用すると、梁は図のように曲がる。これは梁に力のモーメントが働いているためであり、物体を曲げる働きをしているためこの力を**曲げモーメント**という。

　先端に鉛直力 P を受ける片持ち梁の変形量 δ は、断面二次モーメントを I [注]、長さを L とすると、次の式で求めることができる。

$$\text{変形量} = \frac{\text{力} \times \text{長さ}^3}{3 \times \text{ヤング係数} \times \text{断面二次モーメント}} \qquad \text{すなわち} \quad \delta = \frac{PL^3}{3EI}$$

解答　コンクリート梁の先端の変形量 δ は、

$$\delta = \frac{10 \text{ kN} \times (200 \text{ cm})^3}{3 \times 2\,000 \text{ kN/cm}^2 \times 45\,000 \text{ cm}^4} \fallingdotseq 0.296 \text{ cm}$$

[注] 断面二次モーメント I は曲げモーメントに対する変形のし難さを表したもので、詳しいことは建築構造力学で学ぶ。

問題 8-11　図8-25に示すように壁に木板が固定されている。この木板の先端に 60 kg の人が乗ったとき、この位置の変形量 δ [cm] を求めなさい。

　木板の断面サイズは厚さ 6 cm、幅 30 cm（断面二次モーメント $I = 540$ cm^4）である。木材のヤング係数は $E = 800$ kN/cm^2 とし、木板の重さは無視する。重力加速度は 9.8 m/s^2 とする。

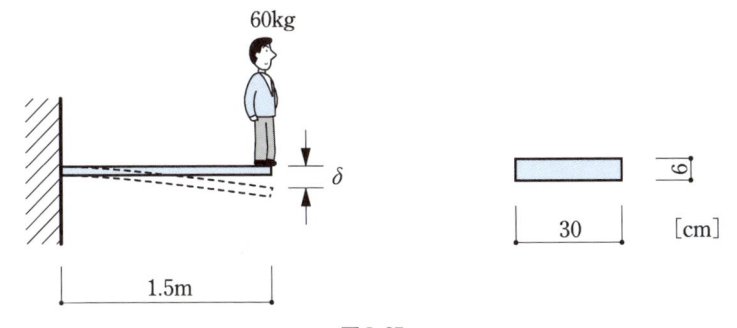

図8-25

例題 8-9

図 8-26 に示すように小川に木板を渡す。体重 80 kg の人が中央にいるとき,この位置の変形量 δ [cm] を求めなさい。

木板の断面サイズは厚さ 12 cm,幅 50 cm(断面二次モーメント $I = 7\,200$ cm^4)である。木材のヤング係数は $E = 800$ kN/cm^2 とし,木板の重さは無視する。重力加速度は 9.8 m/s^2 とする。

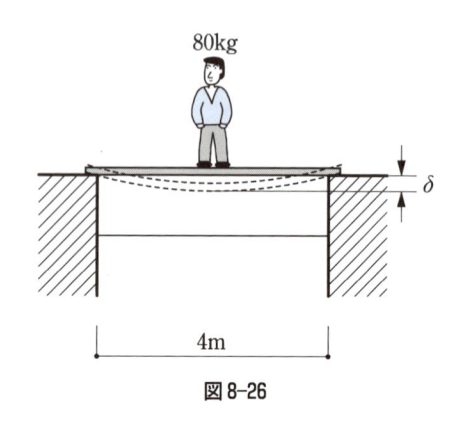

図 8-26

解説

図 8-23 のような梁の状態を **単純梁** といい,梁は曲げモーメントにより図のように曲がる。中央に鉛直力 P を受ける単純梁の変形量 δ は,断面二次モーメントを I,長さを L とすると,次の式で求めることができる。

$$変形量 = \frac{力 \times 長さ^3}{48 \times ヤング係数 \times 断面二次モーメント} \qquad すなわち \quad \delta = \frac{PL^3}{48EI}$$

解答 体重 80 kg の人による重力は,

$$80 \text{ kg} \times 9.8 \text{ m/s}^2 = 784 \text{ N} = 0.784 \text{ kN}$$

よって,木板の中央の変形量 δ は,

$$\delta = \frac{0.784 \text{ kN} \times (400 \text{ cm})^3}{48 \times 800 \text{ kN/cm}^2 \times 7\,200 \text{ cm}^4}$$

$$\fallingdotseq 0.181 \text{ cm}$$

> **問題** **8-12** 図 8-27 に示すようなクレーンで 3 t の荷物を吊っている。このクレーンが走行梁の中央にあるとき，この位置の走行梁の変形量 δ [cm] を求めなさい。梁の状態は単純梁として考えてよいこととする。
>
> 　走行梁の断面サイズは H$-$300$\times$150$\times$10$\times$15（断面二次モーメント $I = $ 10 790 cm^4）である。鋼材のヤング係数は $E = 20\,500 \text{ kN/cm}^2$ とし，走行梁とクレーンの重さは無視する。重力加速度は 9.8 m/s^2 とする。

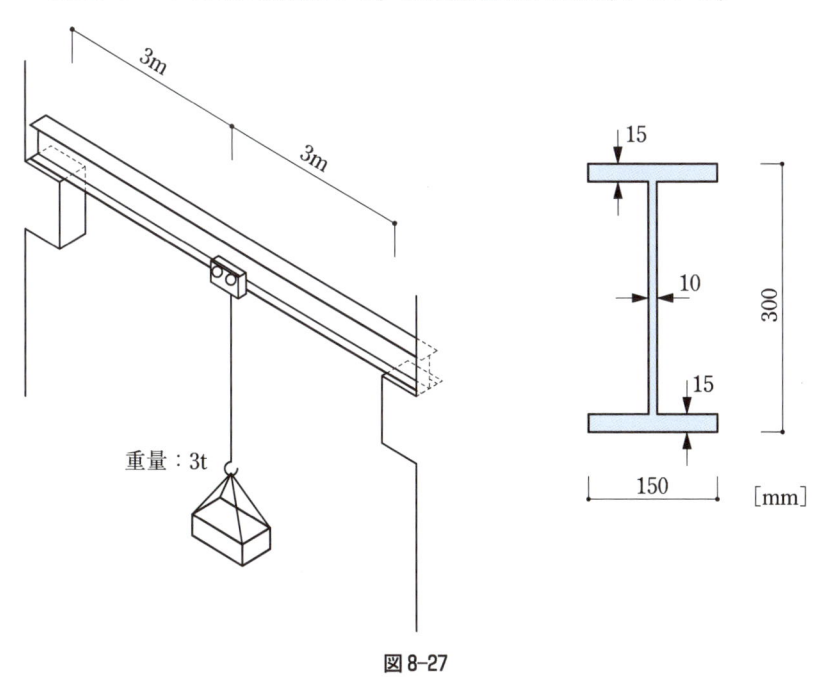

図 8-27

トピックス	代表的なヤング係数

　代表的な建築材料のヤング係数は以下の通りです。木材はコンクリートの約半分，鋼材はコンクリートの約 10 倍と覚えておくとよいでしょう。

　　木　材　　：800〜1 000 kN/cm^2 = 8 000〜10 000 N/mm^2

　　コンクリート：　　　2 000 kN/cm^2 = 20 000 N/mm^2

　　鋼　材　　：　　20 500 kN/cm^2 = 205 000 N/mm^2

　本節では，物体の伸び縮み量と曲げモーメントによる変形量の求め方を学びました。建築構造力学ではもっと複雑な荷重状態での変形を算出することが可能になります。本書で学んだことを活かして引き続きがんばって下さい。

解 答

第 1 章 スケール感

問題 1-1 (1) cm (2) 光年 (3) km
(4) m (5) μm (6) mm
(7) nm (8) km

問題 1-2 略

問題 1-3 20 m

問題 1-4 (1) m (2) m (3) mm
(4) cm (5) m

問題 1-5 (1) 寸 (2) 寸 (3) 里
(4) 里 (5) 貫 (6) 石
(7) 尺 (8) 町 (9) 尺
(10) 尺 (11) 匁 (12) 里

問題 1-6 (1) 8.19 (2) 910 (3) 4.5
(4) 106 (5) 132.5 (6) 150.9
(7) 3, 10

問題 1-7 左から, 3 640, 4 550, 5 460, 6 370, 7 280, 8 190

問題 1-8 辺…右上から時計まわりに, 7 280, 10 010, 5 460, 2 730, 1 820, 7 280
面積…20.5 坪, 67.90 m²

問題 1-9 (1) 10 000 (2) 0.01 (3) 1
(4) 500 (5) 3 000, 3 000 000
(6) 100, 100, 10 000 (7) 1 000

問題 1-10 約 1700 倍

問題 1-11 (1) 0.4% (2) 76%
(3) 0.5% (4) 0.3 mm
(5) 20 L

問題 1-12 (1) 2 m (2) 1 680 mm
(3) 500 000 mm (4) 0.91 m
(5) 910 mm (6) 106 mm

問題 1-13 (1) 0.5 m² (2) 10 000 000 m²
(3) 20 km² (4) 165.62
(5) 46

問題 1-14 27.5 坪, 91.09 m²

問題 1-15 (1) 500 m³ (2) 3 000 cm³
(3) 10 000 L (4) 20 000 000 mm³

問題 1-16 28.8 m³, 28 800 L

問題 1-17 (1) 500 kg (2) 3 g
(3) 20 000 kg (4) 20 000 000 mg

問題 1-18 1 000 000 000 kg (1×10^9 kg)

第 2 章 さまざまな事象について計算する

問題 2-1 3 m

問題 2-2 3.45 m

問題 2-3 12.95 m

問題 2-4 略

問題 2-5 28 段, 9 m

問題 2-6 (1) 12.8 m² 以上
(2) 25.6 m² 以上 (3) 3 人まで

問題 2-7 (1) 52.5〜70 m² 程度
(2) 30〜40 人程度 (3) 不適当

問題 2-8 (1) 160 m² (2) 建築可能
(3) 60%

問題 2-9 (1) $\frac{16}{10}$(160%) (2) $\frac{16}{10}$(160%)
(3) 240 m² (4) 64%

問題 2-10 ③

問題 2-11 (1) 15 (2) 8 (3) 6, 10
(4) 2, $2\sqrt{2}$ (5) 2, $\sqrt{3}$ (6) 2
(7) 6 (8) 54

問題 2-12 40 m

問題 2-13 緩やかなもの…(2) 急なもの…(4)

問題 2-14 1.4

問題 2-15 648 000 mm³

問題 2-16 $32a^4$ [mm⁴]

問題 2-17 (1) $\frac{1}{2}$ 倍 (2) $\frac{3}{2}$ 倍 (3) 2 倍
最も明るいのは(3)

補充問題

問題 1 (1) 300 m³ (2) 2.8 回/h
(3) 20 m³ の部屋で 45 m³/h の方が多い
(4) 1.8 回/h

問題 2 (1) 0.18 m³/h (2) 0.001 m³/m³
(3) 0.0004 m³/m³ (4) 300 m³/h

(5) 2.4 回/h
問題 3 (1) 25 K　(2) 500 W　(3) 600 W
　　　 (4) 1 100 W
問題 4 (1) 600 m³/h　(2) 1.2 kJ/(m³·K)
　　　 (3) 20 K　(4) 14 400 kJ/h
　　　 (5) 4 000 W

第 3 章　建築設計と図形

問題 3-1　上段＝中段＜下段
問題 3-2　左右とも滑走路の中央線は 68° で等しい。
問題 3-3　タイルはすべて同じ大きさの正方形，縦の線は等間隔ですべて平行。1 列でタイルの半分移動し，5 列ごとに上下の移動方向が入れ替わる
問題 3-4　(1) 70°　(2) 125°　(3) 230°
　　　　 (4) 105°　(5) 60°
問題 3-5　略
問題 3-6　略
問題 3-7　a：4 面，b：6 面，c：8 面
問題 3-8　略
問題 3-9　辺の長さと対角線の長さの比が黄金比。1 つの対角線は他の交わる対角線を黄金比に分ける。
問題 3-10　210 mm×297 mm

第 4 章　1D（線）を扱う建築事象

問題 4-1　5 m
問題 4-2　略
問題 4-3　略
問題 4-4　6 m　（小数第 1 位を四捨五入）
　　　　　注　以下の答で( )内は四捨五入した小数点以下の位を示している。
問題 4-5　21.2 cm　（小数第 2 位）
問題 4-6　(1) 0.866　(2) 0.707
　　　　 (3) 0.577　（小数第 4 位）
問題 4-7　32.1 m　（小数第 2 位）
問題 4-8　20.2 m　（小数第 2 位）

第 5 章　2D（多角形）を扱う建築事象

問題 5-1　10 614 m²　（小数第 1 位）
問題 5-2　290.2 cm²　（小数第 2 位）
問題 5-3　209.92 m²　（小数第 3 位）
問題 5-4　127 m²
問題 5-5　1 247.1 m²　（小数第 2 位）
問題 5-6　312.12 m²
問題 5-7　364.45 m²
問題 5-8　建ぺい率：23.32％，容積率：61.66％

第 6 章　3D（立体）を扱う建築事象

問題 6-1　2.01 m³　（小数第 3 位）
問題 6-2　2 574 467 m³　（小数第 1 位）
問題 6-3　25 台
問題 6-4　8.19 m³
問題 6-5　321 m³　（小数第 1 位）
問題 6-6　12.3 t　（小数第 2 位）
問題 6-7　5 076 kN　（小数第 1 位）

第 7 章　さまざまな事象について解を求める

問題 7-1　(1) 540 円　(2) 500 円と 580 円
　　　　 (3) 560 円　(4) 550 円
問題 7-2　狭い住戸…52 m²，広い住戸…78 m²
問題 7-3　(1) 37.5％　(2) 120％
　　　　 (3) 例：200％ でコピーし，さらに 250％ でコピーする。
　　　　 (4) 150 分の 1，150％　(5) 91％
問題 7-4　2.68 m 以上
問題 7-5　4.5 m 以上
問題 7-6　10 帖まで（計算上，10.5 帖の部屋も可能だが，形が現実的でない。）
問題 7-7　d は 1.6 m 以上，壁面は 2.1 m 以上後退する。
問題 7-8　(1) $\dfrac{A}{7}$　(2) 4 m²　(3) 1.3
　　　　 (4) $4 \times 1.3 \geqq \dfrac{A}{7}$　(5) 36.4 m²
　　　　 (6) 窓を大きくする，後退距離を増やす，など。

問題 7-9　6本以上必要
問題 7-10　10本

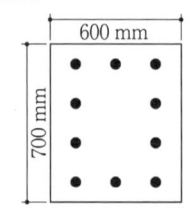

問題 7-11　8：1
問題 7-12　A＞D＞C＞B
問題 7-13　(1) ○　(2) ×　(3) ○
　　　　　(4) ×　(5) ○

補充問題

問題 1　(1) 12 m　(2) 縦 16 m，横 8 m
問題 2　2 500 mm 以上
問題 3　71％，1/141
問題 4　$a:b=1:\sqrt{2}$
問題 5　66.82 m²
　　　　3寸勾配…建築面積の 1.36 倍
　　　　5寸勾配…建築面積の 1.46 倍
問題 6　80 m²

問題 7　8：19

第 8 章　力を扱う建築事象

問題 8-1　13.6 kN
問題 8-2　① $P_x=4$ kN，$P_y=3$ kN
　　　　　② $P_x=3$ kN，$P_y=5$ kN
　　　　　③ $P_x=4$ kN，$P_y=4$ kN
　　　　　④ $P_x=5$ kN，$P_y=2$ kN
問題 8-3　$P'=300$ N　必要な力の大きさが2倍になる。
問題 8-4　1 470 kN
問題 8-5　600 N
問題 8-6　200 N
問題 8-7　略
問題 8-8　$P=20$ kN（上向き），作用点：左端から 1.5 m（右端から 4.5 m）
問題 8-9　$P_b=7.07$ kN，$P_c=5$ kN，$P_d=5$ kN
問題 8-10　0.172 cm　（小数第 4 位）
問題 8-11　1.53 cm　（小数第 3 位）
問題 8-12　0.598 cm　（小数第 4 位）

付　録

1　面積を求める公式　(→ p. 97)

長方形

$A = 縦 \times 横$
$= ab$

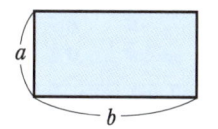

平行四辺形

$A = 底辺 \times 高さ$
$= ah$

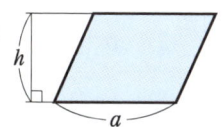

三角形

$A = 底辺 \times 高さ \div 2$
$= \dfrac{ah}{2}$

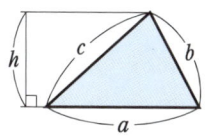

円

$A = 3.14 \times (半径)^2$
$= \pi r^2$

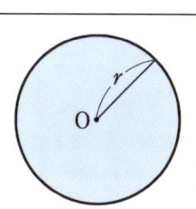

2　体積を求める公式　(→ p. 106)

角柱

$V = 底面積 \times 高さ$
$= Ah$

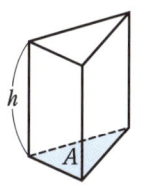

円柱

$V = 底面積 \times 高さ$
$= \pi r^2 h$

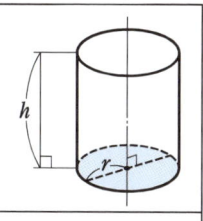

角すい

$V = 底面積 \times 高さ \div 3$
$= \dfrac{Ah}{3}$

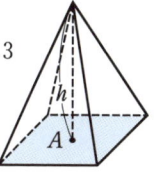

円すい

$V = 底面積 \times 高さ \div 3$
$= \dfrac{\pi r^2 h}{3}$

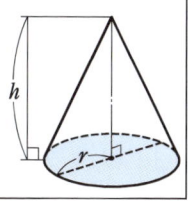

付　録

3 数学の公式

1. 指数 ($a \neq 0$)
(1) $a^m \times a^n = a^{m+n}$
(2) $a^m \div a^n = \dfrac{a^m}{a^n} = a^{m-n}$
(3) $(a^m)^n = a^{mn}$
(4) $(ab)^n = a^n b^n$
(5) $\left(\dfrac{a}{b}\right)^n = \dfrac{a^n}{b^n}$ ($b \neq 0$)
(6) $a^0 = 1$
(7) $a^{-m} = \dfrac{1}{a^m}$

2. 乗法公式
(1) $m(a+b) = ma + mb$
(2) $(a+b)^2 = a^2 + 2ab + b^2$
(3) $(a-b)^2 = a^2 - 2ab + b^2$
(4) $(a+b)(a-b) = a^2 - b^2$
(5) $(x+a)(x+b)$
  $= x^2 + (a+b)x + ab$
(6) $(ax+b)(cx+d)$
  $= acx^2 + (ad+bc)x + bd$

3. 比例式
$a : b = c : d$ のとき
$\dfrac{a}{b} = \dfrac{c}{d}$, $bc = ad$

4. 1次方程式・1次不等式の解
(1) $ax = b$ ($a \neq 0$) の解は
$x = \dfrac{b}{a}$
(2) $ax > b$ ($a \neq 0$) の解は
$a > 0$ のとき $x > \dfrac{b}{a}$
$a < 0$ のとき $x < \dfrac{b}{a}$

5. 2次方程式の解
$ax^2 + bx + c = 0$ ($a \neq 0$)
の解は
$x = \dfrac{-b \pm \sqrt{b^2 - 4ac}}{2a}$

6. 三平方の定理
$c^2 = a^2 + b^2$
$c = \sqrt{a^2 + b^2}$

7. 三角比
$\sin \theta = \dfrac{a}{c}$, $\cos \theta = \dfrac{b}{c}$, $\tan \theta = \dfrac{a}{b}$

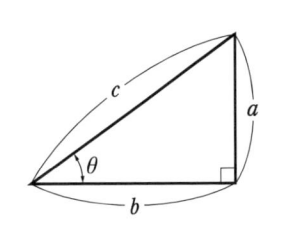

4 平方・立方・平方根・立方根の表

n	n^2	n^3	$\sqrt{n}$	$\sqrt{10n}$	$\sqrt[3]{n}$	n	n^2	n^3	$\sqrt{n}$	$\sqrt{10n}$	$\sqrt[3]{n}$
1	1	1	1.0000	3.1623	1.0000	51	2601	132651	7.1414	22.5832	3.7084
2	4	8	1.4142	4.4721	1.2599	52	2704	140608	7.2111	22.8035	3.7325
3	9	27	1.7321	5.4772	1.4422	53	2809	148877	7.2801	23.0217	3.7563
4	16	64	2.0000	6.3246	1.5874	54	2916	157464	7.3485	23.2379	3.7798
5	25	125	2.2361	7.0711	1.7100	55	3025	166375	7.4162	23.4521	3.8030
6	36	216	2.4495	7.7460	1.8171	56	3136	175616	7.4833	23.6643	3.8259
7	49	343	2.6458	8.3666	1.9129	57	3249	185193	7.5498	23.8747	3.8485
8	64	512	2.8284	8.9443	2.0000	58	3364	195112	7.6158	24.0832	3.8709
9	81	729	3.0000	9.4868	2.0801	59	3481	205379	7.6811	24.2899	3.8930
10	100	1000	3.1623	10.0000	2.1544	60	3600	216000	7.7460	24.4949	3.9149
11	121	1331	3.3166	10.4881	2.2240	61	3721	226981	7.8102	24.6982	3.9365
12	144	1728	3.4641	10.9545	2.2894	62	3844	238328	7.8740	24.8998	3.9579
13	169	2197	3.6056	11.4018	2.3513	63	3969	250047	7.9373	25.0998	3.9791
14	196	2744	3.7417	11.8322	2.4101	64	4096	262144	8.0000	25.2982	4.0000
15	225	3375	3.8730	12.2474	2.4662	65	4225	274625	8.0623	25.4951	4.0207
16	256	4096	4.0000	12.6491	2.5198	66	4356	287496	8.1240	25.6905	4.0412
17	289	4913	4.1231	13.0384	2.5713	67	4489	300763	8.1854	25.8844	4.0615
18	324	5832	4.2426	13.4164	2.6207	68	4624	314432	8.2462	26.0768	4.0817
19	361	6859	4.3589	13.7840	2.6684	69	4761	328509	8.3066	26.2679	4.1016
20	400	8000	4.4721	14.1421	2.7144	70	4900	343000	8.3666	26.4575	4.1213
21	441	9261	4.5826	14.4914	2.7589	71	5041	357911	8.4261	26.6458	4.1408
22	484	10648	4.6904	14.8324	2.8020	72	5184	373248	8.4853	26.8328	4.1602
23	529	12167	4.7958	15.1658	2.8439	73	5329	389017	8.5440	27.0185	4.1793
24	576	13824	4.8990	15.4919	2.8845	74	5476	405224	8.6023	27.2029	4.1983
25	625	15625	5.0000	15.8114	2.9240	75	5625	421875	8.6603	27.3861	4.2172
26	676	17576	5.0990	16.1245	2.9625	76	5776	438976	8.7178	27.5681	4.2358
27	729	19683	5.1962	16.4317	3.0000	77	5929	456533	8.7750	27.7489	4.2543
28	784	21952	5.2915	16.7332	3.0366	78	6084	474552	8.8318	27.9285	4.2727
29	841	24389	5.3852	17.0294	3.0723	79	6241	493039	8.8882	28.1069	4.2908
30	900	27000	5.4772	17.3205	3.1072	80	6400	512000	8.9443	28.2843	4.3089
31	961	29791	5.5678	17.6068	3.1414	81	6561	531441	9.0000	28.4605	4.3267
32	1024	32768	5.6569	17.8885	3.1748	82	6724	551368	9.0554	28.6356	4.3445
33	1089	35937	5.7446	18.1659	3.2075	83	6889	571787	9.1104	28.8097	4.3621
34	1156	39304	5.8310	18.4391	3.2396	84	7056	592704	9.1652	28.9828	4.3795
35	1225	42875	5.9161	18.7083	3.2711	85	7225	614125	9.2195	29.1548	4.3968
36	1296	46656	6.0000	18.9737	3.3019	86	7396	636056	9.2736	29.3258	4.4140
37	1369	50653	6.0828	19.2354	3.3322	87	7569	658503	9.3274	29.4958	4.4310
38	1444	54872	6.1644	19.4936	3.3620	88	7744	681472	9.3808	29.6648	4.4480
39	1521	59319	6.2450	19.7484	3.3912	89	7921	704969	9.4340	29.8329	4.4647
40	1600	64000	6.3246	20.0000	3.4200	90	8100	729000	9.4868	30.0000	4.4814
41	1681	68921	6.4031	20.2485	3.4482	91	8281	753571	9.5394	30.1662	4.4979
42	1764	74088	6.4807	20.4939	3.4760	92	8464	778688	9.5917	30.3315	4.5144
43	1849	79507	6.5574	20.7364	3.5034	93	8649	804357	9.6437	30.4959	4.5307
44	1936	85184	6.6332	20.9762	3.5303	94	8836	830584	9.6954	30.6594	4.5468
45	2025	91125	6.7082	21.2132	3.5569	95	9025	857375	9.7468	30.8221	4.5629
46	2116	97336	6.7823	21.4476	3.5830	96	9216	884736	9.7980	30.9839	4.5789
47	2209	103823	6.8557	21.6795	3.6088	97	9409	912673	9.8489	31.1448	4.5947
48	2304	110592	6.9282	21.9089	3.6342	98	9604	941192	9.8995	31.3050	4.6104
49	2401	117649	7.0000	22.1359	3.6593	99	9801	970299	9.9499	31.4643	4.6261
50	2500	125000	7.0711	22.3607	3.6840	100	10000	1000000	10.0000	31.6228	4.6416

5 三角関数表

角	正弦 (sin)	余弦 (cos)	正接 (tan)	角	正弦 (sin)	余弦 (cos)	正接 (tan)
0°	0.0000	1.0000	0.0000	45°	0.7071	0.7071	1.0000
1°	0.0175	0.9998	0.0175	46°	0.7193	0.6947	1.0355
2°	0.0349	0.9994	0.0349	47°	0.7314	0.6820	1.0724
3°	0.0523	0.9986	0.0524	48°	0.7431	0.6691	1.1106
4°	0.0698	0.9976	0.0699	49°	0.7547	0.6561	1.1504
5°	0.0872	0.9962	0.0875	50°	0.7660	0.6428	1.1918
6°	0.1045	0.9945	0.1051	51°	0.7771	0.6293	1.2349
7°	0.1219	0.9925	0.1228	52°	0.7880	0.6157	1.2799
8°	0.1392	0.9903	0.1405	53°	0.7986	0.6018	1.3270
9°	0.1564	0.9877	0.1584	54°	0.8090	0.5878	1.3764
10°	0.1736	0.9848	0.1763	55°	0.8192	0.5736	1.4281
11°	0.1908	0.9816	0.1944	56°	0.8290	0.5592	1.4826
12°	0.2079	0.9781	0.2126	57°	0.8387	0.5446	1.5399
13°	0.2250	0.9744	0.2309	58°	0.8480	0.5299	1.6003
14°	0.2419	0.9703	0.2493	59°	0.8572	0.5150	1.6643
15°	0.2588	0.9659	0.2679	60°	0.8660	0.5000	1.7321
16°	0.2756	0.9613	0.2867	61°	0.8746	0.4848	1.8040
17°	0.2924	0.9563	0.3057	62°	0.8829	0.4695	1.8807
18°	0.3090	0.9511	0.3249	63°	0.8910	0.4540	1.9626
19°	0.3256	0.9455	0.3443	64°	0.8988	0.4384	2.0503
20°	0.3420	0.9397	0.3640	65°	0.9063	0.4226	2.1445
21°	0.3584	0.9336	0.3839	66°	0.9135	0.4067	2.2460
22°	0.3746	0.9272	0.4040	67°	0.9205	0.3907	2.3559
23°	0.3907	0.9205	0.4245	68°	0.9272	0.3746	2.4751
24°	0.4067	0.9135	0.4452	69°	0.9336	0.3584	2.6051
25°	0.4226	0.9063	0.4663	70°	0.9397	0.3420	2.7475
26°	0.4384	0.8988	0.4877	71°	0.9455	0.3256	2.9042
27°	0.4540	0.8910	0.5095	72°	0.9511	0.3090	3.0777
28°	0.4695	0.8829	0.5317	73°	0.9563	0.2924	3.2709
29°	0.4848	0.8746	0.5543	74°	0.9613	0.2756	3.4874
30°	0.5000	0.8660	0.5774	75°	0.9659	0.2588	3.7321
31°	0.5150	0.8572	0.6009	76°	0.9703	0.2419	4.0108
32°	0.5299	0.8480	0.6249	77°	0.9744	0.2250	4.3315
33°	0.5446	0.8387	0.6494	78°	0.9781	0.2079	4.7046
34°	0.5592	0.8290	0.6745	79°	0.9816	0.1908	5.1446
35°	0.5736	0.8192	0.7002	80°	0.9848	0.1736	5.6713
36°	0.5878	0.8090	0.7265	81°	0.9877	0.1564	6.3138
37°	0.6018	0.7986	0.7536	82°	0.9903	0.1392	7.1154
38°	0.6157	0.7880	0.7813	83°	0.9925	0.1219	8.1443
39°	0.6293	0.7771	0.8098	84°	0.9945	0.1045	9.5144
40°	0.6428	0.7660	0.8391	85°	0.9962	0.0872	11.4301
41°	0.6561	0.7547	0.8693	86°	0.9976	0.0698	14.3007
42°	0.6691	0.7431	0.9004	87°	0.9986	0.0523	19.0811
43°	0.6820	0.7314	0.9325	88°	0.9994	0.0349	28.6363
44°	0.6947	0.7193	0.9657	89°	0.9998	0.0175	57.2900
45°	0.7071	0.7071	1.0000	90°	1.0000	0.0000	—

6 建築で扱うおもな量記号

量	量記号	単位	備　考
長さ（一般）	l	m	length
幅	b	m	breadth
高さ	h	m	height
厚さ	t	m	thickness
半径	r	m	radius
直径	d, D	m	diameter
波長	λ	m, Å	
面積	A, S	m^2	area, space
体積，容積	V	m^3	volume
時間	t	s	time
速度，速さ	v など	m/s	
質量	m	kg	mass
密度	ρ	kg/m^3	
力	F, P, W	N	force, power, weight
力のモーメント，曲げモーメント	M	N·m	moment
圧力	p	Pa, N/m^2	pressure
応力度，垂直応力度	σ	Pa, N/m^2	
せん断応力度	τ	Pa, N/m^2	
線ひずみ，伸び率	e, ε	1	
ポアソン比	μ, ν	1	
ヤング係数	E	Pa, N/m^2	
断面二次モーメント	I	m^4	
断面係数	Z	m^3	
熱力学温度	T	K	temperature
セルシウス温度	t	℃	temperature
熱量	Q	J, W·s, W·h	
熱伝導率	λ	W/(m·K)	
熱抵抗	R	K/W	resistance

7 尺貫法の単位

	単位	読み方	尺貫法の換算	SI単位との換算
長さ	毛	もう		0.03 mm
	厘	りん	1厘＝10毛	0.303 mm
	分	ぶ	1分＝10厘	3.03 mm
	寸	すん	1寸＝10分	3.03 cm
	尺	しゃく	1尺＝10寸	30.3 cm 注1
	間	けん	1間＝6尺	1.818 m
	丈	じょう	1丈＝10間	3.03 m
	町	ちょう	1町＝36丈＝60間	109.09 m
	里	り	1里＝36町	3.927 km
面積	勺	しゃく		331.0 cm^2
	合	ごう	1合＝10勺	0.331 m^2
	坪	つぼ	1坪＝10合	3.31 m^2
	畝	せ	1畝＝30坪 注2	99.17 m^2
	反	たん	1反＝10畝 注3	991.7 m^2
	町	ちょう	1町＝10反	9917.0 m^2
体積	勺	しゃく		18.0 mL
	合	ごう	1合＝10勺 注4	180.0 mL
	升	しょう	1升＝10合	1.8 L
	斗	と	1斗＝10升	18.0 L
	石	こく	1石＝10斗 注5	180.0 L
重さ	毛	もう		3.75 mg
	厘	りん	1厘＝10毛	37.5 mg
	分	ぶ	1分＝10厘	0.375 g
	匁	もんめ	1匁＝10分	3.75 g
	斤	きん	1斤＝160匁 注6	600.0 g
	貫	かん	1貫＝1000匁	3.75 kg

注1. 1尺＝$\frac{10}{33}$ mと定められた。
大工の使っていた尺を曲尺（かねじゃく）と呼び，単に尺といったら曲尺を指す。大工の使う直角に曲がった物差し（さしがね）を曲尺とも呼ぶ。和裁のときには鯨尺が用いられ，鯨尺の1尺は曲尺の1尺2寸5分（曲尺の1尺は鯨尺の8寸）である。

注2. 宅地には坪，田畑には畝が用いられる。

注3. 布の単位にも反を用いるが，この反とは異なる。鯨尺で幅1尺長さ3丈程度の布地を1反という。

注4. 米1合が1食分（茶碗2杯分）

注5. 米1石が，1人が1年に食べる量とされていた。

注6. 明治初期に1ポンド（454g）を1英斤（120匁）と決め，食パンの重さの基準となったが，現在の食パン1斤は350g～400gのものが多い。

8 ギリシア文字とその使用例

大文字	小文字	読み方	一般数理	構造力学	環境工学
A	α	アルファ			熱伝導率, 吸収率
B	β	ベータ			入射角
Γ	γ	ガンマ		せん断ひずみ度	比 重
Δ	δ	デルタ		変 位	厚 さ
E	ε	イプシロン		(垂直)ひずみ度	放射率
Z	ζ	ツェータ			
H	η	イータ			日射侵入率
Θ	θ	シータ	角 度		温 度
I	ι	イオタ			
K	κ	カッパ			
Λ	λ	ラムダ	波 長	細長比	熱伝導率
M	μ	ミュー	摩擦係数		
N	ν	ニュー		ポアソン比	
Ξ	ξ	クシイ			
O	o	オミクロン			
Π	π	パイ	円周率		
P	ρ	ロー	密 度		
Σ	σ	シグマ		垂直応力度	絶対湿度
T	τ	タウ		せん断応力度	日射透過率
Υ	υ	ウプシロン			
Φ	ϕ	ファイ		パイプや孔の直径	
X	χ	カイ			
Ψ	ψ	プサイ			相対湿度, 形態係数
Ω	ω	オメガ			

索 引

色文字は建築に関する用語

あ

安全側 ……………………43
内法 ………………………42
SI 単位 ……………………19
SI 併用単位 ………………38
円周率 ……………………78
煙突効果 …………………128
黄金比 …………………78, 79

か

加速度 ……………………113
片持ち梁 …………………147
換気回数 …………………64
換気量 ……………………64
基本単位 …………………20
仰角 ………………………87
切上げ ……………………43
切捨て ……………………42
組立単位 …………………20
蹴上げ ……………………45
間 …………………………14
建築ベース ………………81
建ぺい率 ……………49, 102
国際単位系 ………………19
cos(コサイン) …………91

さ

採光 ………………………123
採光補正係数 ………58, 123
sin(サイン) ……………91
錯角 ………………………72

三角関数 …………………92
三角比 ……………………91
残響時間 …………………127
四捨五入 …………………43
自然換気 …………………120
質量 ………………………112
尺 …………………………14
尺貫法 ……………………12
重力 ………………………113
重力加速度 ………………113
縮尺 …………………54, 84
消点 ………………………81
芯々 ………………………42
垂直 ………………………73
スケール感 ………………9
寸 …………………………14
正多角形 …………………77
接頭辞 ……………………23
相似 ………………………89
外法 ………………………42

た

対頂角 ……………………72
高さ制限 …………………122
単位 ………………………5
tan(タンジェント) ……91
単純梁 ……………………148
力 …………………………113
力の合成 …………………136
力のつり合い ……………140
力の分解 …………………137
坪 …………………………14

鉄筋量 ……………………125
天井高 ……………………119
同位角 ……………………72

な

熱損失 ……………………66

は

%(パーセント) …………27
反比例 ……………………62
比 …………………………54
比の値 ……………………54
百分率 ……………………27
比例 ………………………61
俯角 ………………………94
踏面 ………………………45
平行 ………………………73
ベクトル …………………138

ま

曲げモーメント …………147
密度 ………………………112
モーメント ………………139
モデュール ………………14

や わ

ヤード・ポンド法 ………18
ヤング係数 ………………149
容積率 ………………50, 103
割 …………………………27
割合 ………………………26

あ と が き

　2008年1月，小西敏正先生，市ヶ谷出版社の澤崎明治氏と中野で最初の打合せがあり，大学・専門学校向けの建築数学の企画案を聞きました。事前の話では「建築構造力学への入門書」と聞いていたこと，しっかり整備されている数学の学問体系を崩すのは難しいと思ったこと等の理由から，このときは執筆を保留させていただきました。

　半年後の7月，澤崎氏の猛烈な熱意と新たなコンセプト，2名の新メンバーと実教出版の「工業数理基礎」との出会いによって執筆を決意しました。

　あれから約1年間，初めての本作りは想像以上に大変なものでした。特に，この種の一般的な教科書に比べて取り扱い内容を大胆に絞り込んだ編成の構築や，事象の抽出と数理との関連付けは試行錯誤の連続で，月に1度の編修会議の大半をこれらの議論に費やしました。編修会議はちょうど10回をかぞえました。そして今，最終稿を書き終え，ホッとしたという安堵感以外持ち得ないのが正直な感想です。

　本書は「生徒は数学が苦手だから建築構造力学ができない」という教育現場からの声が端緒ですが，著者はこの分析に対して大きな疑問を抱いています。執筆では，事象そのものは建築学の基礎知識として機能し，全体としては数理や数理的要素が強い建築分野への興味を喚起できるように工夫したつもりです。問題を解くためのテクニックを覚えるのは二の次にして，本書が自ら筋道を立てて論理的に思考する能力を身に付けるための一助になれば幸いです。

　本書を監修された宇都宮大学名誉教授の小西敏正先生には，教え子でもある執筆者を終始温かく見守っていただき，コンセプトの具現化に向けた的確な誘導と直接的な助言をいただきました。画期的な教科書作りを熱望された澤崎氏には，執筆を熱心かつ忍耐強く見守っていただき，あらゆる便宜を図っていただきました。また宇都宮日建工科専門学校の岸秀一先生には，編修会議にご参加いただき，専門学校の実状を踏まえた助言や，建築事象の提供をいただきました。末筆ながら，深甚なる敬意を表し，心より感謝申し上げます。

2009年9月　中野　達也
大貫　愛子

【監修】 小西　敏正（Toshimasa KONISHI）
　　　　1967 年　東京工業大学理工学部建築学科卒業
　　　　現　在　宇都宮大学 名誉教授，工学博士
　　　　　　　　一級建築士，インテリアプランナー

【執筆】 中野　達也（Tatsuya NAKANO）
　　　　1998 年　宇都宮大学工学部建設学科建築学コース卒業
　　　　現　在　宇都宮大学大学院工学研究科 助教，博士（工学）

　　　　大貫　愛子（Aiko ONUKI）
　　　　2001 年　宇都宮大学工学部建設学科建築学コース卒業
　　　　現　在　上藤建設株式会社，一級建築士，博士（工学）

超入門
建 築 数 理

2009 年 10 月 16 日　初 版 発 行
2013 年 1 月 31 日　初版第 4 刷

　　　　　　　　　監　修　小　西　敏　正
　　　　　　　　　執　筆　中　野　達　也
　　　　　　　　　　　　　大　貫　愛　子
　　　　　　　　　発 行 者　澤　崎　明　治

　　　　　　　（印　刷）中央印刷　　（製　本）矢嶋製本

　発行所　株式会社　市ヶ谷出版社
　　　　　東京都千代田区五番町 5 番地
　　　　　電話　03−3265−3711（代）
　　　　　FAX　03−3265−4008
　　　　　http://www.ichigayashuppan.co.jp

Ⓒ 2009　　　　ISBN 978-4-87071-286-7

初学者の建築講座　編修委員会

〔編修委員長〕　　大野　隆司（東京工芸大学 名誉教授）

〔編修・執筆委員〕(50音順)

五十嵐太郎（東北大学 教授）　　　　　杉田　宣生（ハル建築研究所 代表）

大塚　貴弘（名城大学 准教授）　　　　瀬川　康秀（アーキショップ 代表）

大塚　雅之（関東学院大学 教授）　　　角田　　誠（首都大学東京 教授）

倉渕　　隆（東京理科大学 教授）　　　中澤　明夫（アルマチュール構造設計事務所）

橘高　義典（首都大学東京 教授）　　　中村　成春（大阪工業大学 准教授）

小山　明男（明治大学 准教授）　　　　藤田　香織（東京大学 准教授）

坂田　弘安（東京工業大学 准教授）　　宮下　真一（東急建設）

佐藤　考一（A/E WORKS 理事）　　　　元結正次郎（東京工業大学 教授）

〔初学者の建築講座〕

- **建築計画**〈改訂版〉
  佐藤考一・五十嵐太郎 著
  B5判・192頁・本体価格2,600円

- **建築構造**〈新版〉
  元結正次郎・坂田弘安・藤田香織・
  日浦賢治 著
  B5判・176頁・本体価格2,700円

- **建築構造力学**〈新版〉
  元結正次郎・大塚貴弘 著
  B5判・184頁・本体価格2,700円

- **建築施工**〈改訂版〉
  中澤明夫・角田　誠 著
  B5判・208頁・本体価格2,800円

- **建築製図**〈第3版〉
  瀬川康秀 著
  A4判・152頁・本体価格2,700円

- **建築法規**〈三訂版〉
  杉田宣生 著
  B5判・184頁・本体価格2,700円

- **建築設備**〈第二版〉
  大塚雅之 著
  B5判・216頁・本体価格2,900円

- **建築環境工学**〈第二版〉
  倉渕　隆 著
  B5判・208頁・本体価格2,800円

- **建築材料**
  橘高義典・小山明男・中村成春 著
  B5判・208頁・本体価格2,800円

- **建築構造設計**
  宮下真一・藤田香織 著
  B5判・208頁・本体価格2,800円